TRAMAS

M739t Monereo, Carles

Tramas: procedimentos para a aprendizagem cooperativa / Carles Monereo e David Duran Gisbert; trad. Cláudia Schilling. – Porto Alegre : Artmed, 2005.

1. Educação – Métodos de estudo da educação. I. Duran Gisbert, David. II. Título.

CDU 37.012

Catalogação na publicação: Mônica Ballejo Canto – CRB 10/1023

ISBN 85-363-0324-7

TRAMAS

PROCEDIMENTOS PARA A APRENDIZAGEM COOPERATIVA

Carles Monereo
David Duran Gisbert

Tradução:
CLÁUDIA SCHILLING

Consultoria, supervisão e revisão técnica desta edição:
MARIA DA GRAÇA SOUZA HORN
Pedagoga. Doutora em Educação pela
Universidade Federal do Rio Grande do Sul.

ARTMED EDITORA

2005

Obra originalmente publicada sob o título:
Entramados: métodos de aprendizaje cooperativo y colaborativo

ISBN 84-236-6340-x

Capa
Mario Röhnelt

Preparação de originais
Simone Dias Marques

Leitura final
Elisângela Rosa dos Santos

Supervisão editorial
Mônica Ballejo Canto

Editoração eletrônica:
AGE – Assessoria Gráfica e Editorial Ltda.

Av. Jerônimo de Ornelas, 670 – Santana
90040-340 – Porto Alegre, RS, Brasil
Fone: (51) 3330-3444 Fax: (51) 3330-2378

SÃO PAULO
Av. Rebouças, 1.073 – Jardins
05401-150 – São Paulo, SP, Brasil
Fone: (11) 3062-3757 Fax: (11) 3062-2487

SAC 0800 703-3444

IMPRESSO NO BRASIL
PRINTED IN BRAZIL

Sumário

A COOPERAÇÃO COMO NECESSIDADE (Objetivo, estrutura e níveis de utilização da obra)	
1. DE KOSOVO, COM AMOR. *Tutoria entre iguais*	Duplas de alunos que aprendem simultaneamente, um/a deles/as ensinando (aluno/a tutor/a) e outro/a ajudado/a por seu colega (aluno/a tutorado/a).
2. *OUI, C'EST MOI.* *Ensino recíproco*	Grupo de quatro alunos para trabalhar a compreensão de textos, em que cada membro realiza alternadamente uma determinada função (resumir, interrogar, responder e antecipar).
3. NÃO ENCONTREI MARGARIDAS. *Grupo de apoio*	Trabalho em grupo em que cada membro compromete-se a ajudar os outros e a ser ajudado por eles.
4. ESPECIALISTA, VOCÊ? EM QUÊ? *Quebra-cabeça*	Depois de trabalhar em um grupo, cada membro da equipe passa a ser especialista em uma parte dos conteúdos necessários para realizar o trabalho.
5. A MEU AMIGO (OU AMIGA). *Jogos de papel*	Adoção da perspectiva de um personagem para, depois de interagir com os demais, abordar seus sentimentos e pontos de vista.
6. SÍNTESE DE SÍNTESE. *Grupo de pesquisa*	Cada grupo escolhe e trabalha um subtema a ser apresentado aos demais colegas.
7. UM DE IDA E OUTRO DE VOLTA. *Colaboração interprofissional*	Cada equipe aproveita os conhecimentos profissionais de seus diferentes membros para responder a um problema complexo.
8. VIDEOCONFERÊNCIA NATURAL. *Grupo natural*	Grupo de alunos, formado livremente no início do curso, em que cada membro assume uma função ou responsabilidade diferente.
9. RESENHAS BIBLIOGRÁFICAS.	Seleção de livros, monografias de revistas e páginas *web* sobre a aprendizagem cooperativa.

A Cooperação como Necessidade

Trama: estrutura de madeira que serve para fazer uma parede, um tabique ou um assoalho, cujos espaços vazios são preenchidos com pedras, tijolos, argamassa ou tábuas.

OBJETIVO DA OBRA

Motivos e objetivos

Pode-se dizer que grande parte do êxito da reforma educacional depende do ensino médio. A opção adotada pela LOGSE* em prol de uma escola abrangente – uma instituição capaz de responder às necessidades de todos os estudantes de até 16 anos – representa, sem sombra de dúvida, um dos principais desafios da educação de nosso país (Marchesi, 2000).

A opção pelo modelo de escola abrangente no ensino obrigatório pressupõe que as escolas devem recorrer a vários instrumentos que levem em consideração a diversidade de necessidades educativas dos alunos. O corpo docente tem de aprender a utilizar mecanismos que permitam que todos os alunos, independentemente de suas características, sejam capazes de aprender o máximo possível.

Apesar de contar com pouco apoio, um dos mecanismos que se tem mostrado extremamente útil para uma gestão de sala de aula que corresponda à diversidade natural que a define é a *aprendizagem cooperativa*. Muitos autores, inclusive espanhóis (Pujolàs, 1999, por exemplo), têm apresentado a aprendizagem cooperativa como um poderoso recurso de atenção à diversidade.

- A aprendizagem cooperativa é uma metodologia que transforma a *heterogeneidade*, isto é, as diferenças entre os alunos – que, logicamente, encontramos em qualquer grupo – em um elemento positivo que facilita o aprendizado. Na verdade, os métodos de aprendizagem cooperativa não tiram partido apenas das diferenças entre os alunos, mas muitas vezes precisam delas. A diversidade, inclusive a de níveis de conhe-

*N. de T. Lei Orgânica de Ordenamento Geral do Sistema Educacional (Espanha).

cimento – que tanto incomoda o ensino tradicional e homogeneizador – é vista como algo positivo que favorece o trabalho docente.

- Desde as primeiras pesquisas (Slavin, 1980), sabe-se que a aprendizagem cooperativa *potencializa habilidades psicossociais e de interação* (com relação aos outros, aceitação de pontos de vista, comunicação, negociação, auto-estima, etc.), baseadas em valores como colaboração, ajuda mútua e solidariedade.
- Por outro lado, hoje em dia sabemos que a potencialização das interações entre os alunos, favorecida pelo trabalho cooperativo, é um *motor para a aprendizagem significativa*. Isso a situa como um recurso metodológico básico para um ensino de qualidade.

Essas razões, assim como outras apresentadas ao longo do livro, apresentam a aprendizagem cooperativa como uma estratégia de ensino à qual se deve recorrer sistematicamente na nova forma de gestão requerida pela aplicação da reforma educacional.

Portanto, o corpo docente – em formação inicial ou em serviço –, bem como os diferentes profissionais de apoio ou assessoria, devem conhecer esse recurso de perto.

Gostaria de esclarecer que falamos da aprendizagem cooperativa, ou do uso instrutivo das interações entre alunos, como um recurso a mais – de maneira alguma o único – de gestão de sala de aula. Não se trata de substituir o trabalho *individual* ou o *competitivo* pelas estruturas de colaboração. Esse aspecto não é sugerido nem pelos mais ferrenhos defensores da aprendizagem cooperativa; como eles mesmos observam (Johnson e Johnson, 1991), pretende-se introduzir a cooperação em nossas salas de aula para que alunos e professores saibam quando utilizar cada uma das três estruturas de trabalho.

Como uma entre outras metodologias, o corpo docente deve conhecê-la profundamente para *utilizá-la de forma estratégica*, isto é, em função dos objetivos que se propõe a trabalhar e das condições e necessidades dos alunos.

O principal objetivo deste livro é ser um instrumento de formação da aprendizagem cooperativa. Pretendemos que o leitor conheça a fundo suas características e alguns dos métodos através dos quais se concretiza sua prática pedagógica.

Com essa mesma finalidade, evitamos as descrições ou os exemplos clássicos e optamos por apresentar situações, sob a forma de narrações breves, para ilustrar a aplicação dos diversos métodos cooperativos. As fichas que acompanham cada capítulo devem permitir inferir os aspectos mais generalizáveis das situações concretas apresentadas.

Embora este livro seja fruto de um trabalho cooperativo, consideramos que poderá ser muito útil se discutido em pequenos grupos de professores. Portanto, estimulamos o trabalho dos capítulos em grupos e esperamos que, a partir da discussão de seus principais elementos, surjam os conceitos e a energia necessários para aplicar a aprendizagem cooperativa de maneira inovadora nas salas de aula do ensino médio.

Cooperação e reforma educacional

Na escola tradicional, baseada em um conceito de transmissão do conhecimento, em que o/a professor/a era o/a depositário/a do saber, as interações consideradas relevantes eram exclusivamente as que ocorriam entre professor/a e aluno/a. Nesse modelo, que atualmente ainda predomina em grande parte da prática escolar do ensino médio, considerava-se que as interações entre alunos prejudicavam a atuação docente e, portanto, era preciso eliminá-las ou, pelo menos, limitá-las. A expressão "*Não vou falar na sala de aula*" pode ser uma caricatura desse modelo do qual provimos.

A adoção da concepção construtivista do ensino e da aprendizagem, em que se fundamenta o atual sistema educacional, provocou a consideração educativa das interações que ocorrem nas salas de aula entre alunos. Ao afirmar que o/a aluno/a constrói seu próprio conhecimento a partir de um processo interativo, no qual o papel do/a professor/a é mediar entre o/a aluno/a e os conteúdos, o construtivismo sugere a possibilidade de que, em determinadas circunstâncias, os alunos possam ser protagonistas desse papel mediador. Os alunos também aprendem uns com os outros.

De fato, algumas pesquisas realizadas nas últimas décadas demonstram claramente que a interação entre iguais (neste caso, os alunos) pode incidir de modo positivo em aspectos como:

- o processo de socialização;
- a aquisição de competências sociais;
- o controle dos impulsos agressivos;
- a relativização dos pontos de vista;
- o aumento das aspirações e a melhora do desempenho acadêmico (Coll e Colomina, 1990).

No âmbito escolar, Johnson e Johnson (1991) compararam as estruturas do trabalho individual, competitivo e colaborativo e concluíram que a cooperação é superior às demais opções no tocante à interação (relações mais positivas e sentimentos recíprocos de obrigação e ajuda que se estendem aos professores e à instituição escolar) e ao desempenho acadêmico em determinadas circunstâncias (maior produtividade, resolução de problemas e pensamento divergente, habilidades intelectuais superiores e precisão da linguagem).

Nesse sentido, de acordo com a orientação psicopedagógica do sistema educacional em vigor – baseada na concepção construtivista –, o trabalho em grupo dos alunos é entendido como uma das modalidades de interação educativa que está no âmago dos processos de ensino e aprendizagem e que explica que o progresso pessoal é inseparável da relação interpessoal (Solé, 1997).

Fundamentos teóricos da aprendizagem entre pares

A maior parte das pesquisas sobre aprendizagem entre pares pode ser incluída no âmbito piagetiano. Para Piaget, a interação com os demais – especialmente da criança pequena com outras crianças de sua idade – é fundamental para o desenvolvimento. A *interação entre iguais* provoca o confronto entre pontos de vista moderadamente divergentes, o que se traduz no conflito social (melhora da comunicação, consciência, pontos de vista alheios) e cognitivo (reexame das próprias idéias, sua modificação, *feedback* com os outros). Esse conflito, fundamental na teoria genética, pressupõe um desequilíbrio que o sujeito deve superar alcançando, através do conhecido processo de equilíbrio, esquemas cognitivos mais estruturados e, portanto, obtendo aprendizagem (Piaget, 1978).

Se para Piaget a interação entre iguais era um meio para o desequilíbrio, os estudos realizados por Doise, Mugny e Perret-Clermont, com um viés mais sociocognitivo, afirmam que a interação entre iguais é uma condição necessária para o desenvolvimento, conferindo ao fator social um papel primordial no conflito cognitivo (Mugny e Doise, 1983).

A teoria sociocultural, derivada das idéias de Vygotsky, reforçou o conceito da interação social como mecanismo para o desenvolvimento. Em outros termos:

> A aprendizagem desperta uma série de processos evolutivos internos que só operam quando a criança interage com as pessoas que a rodeiam e coopera com alguém parecido com ela (Vygotsky, 1988, p. 108-109).

O conhecido conceito de *zona de desenvolvimento proximal* nos diz que as crianças demoram menos para resolver problemas com a ajuda de um adulto ou de colegas mais capazes do que para resolvê-los sozinhas. Assim, além de permitir que os iguais mais competentes possam exercer o papel de "mediadores", favorece-se a interiorização dos processos cognitivos e sociais envolvidos. O conceito de *interiorização* ou *internalização* da teoria sociocultural afirma que o desenvolvimento ocorre quando a regulação interpsicológica (social) transforma-se em intrapsicológica (individual).

Quanto à interação entre iguais, e deixando de lado os pontos de desacordo sobre os mecanismos epistemológicos responsáveis pela construção dos conhecimentos, podemos considerar úteis ambas as posições em situações de sala de aula: enquanto os trabalhos da Escola de Genebra salientam a contradição e o conflito e sugerem grupos moderadamente divergentes para a cooperação, a perspectiva sociocultural destaca a colaboração, propõe grupos homogêneos para propiciá-la e relações tutoriais para a mediação (Serrano e González-Herrero, 1996).

Entretanto, como afirma Coll (1984), pesquisas futuras podem mostrar que essa incidência também pode ocorrer através de outros tipos de relações entre alunos. Quando isso acontecer, talvez nenhuma das duas hipóteses seja considerada adequada para explicar as novas descobertas, porém não resta dúvida de que, por enquanto, elas são as que permitem dar conta de forma mais satisfatória dos resultados disponíveis.

Nesse mesmo sentido, Medrano (1995), depois de se referir aos trabalhos da Escola de Genebra e à psicologia soviética, destaca a necessidade de aprofundar os contextos teóricos que explicam os processos psicológicos subjacentes às práticas pedagógicas baseadas na aprendizagem cooperativa.

Dimensões da aprendizagem entre iguais: tutoria, cooperação e colaboração

A distinção proposta por Damon e Phelps (1989) sobre as três *dimensões ou cenários* das interações educativas entre iguais já é clássica. A partir das características dos membros, dos objetivos e, fundamentalmente, do tipo de interação, os autores distinguem:

- *Tutoria*: relação entre dois alunos que, diante de um problema específico, apresentam um nível de habilidade diferente.
- *Cooperação*: relação baseada na aquisição e/ou na aplicação de um conhecimento, estabelecida entre um grupo de alunos com habilidades heterogêneas dentro de margens de proximidade.
- *Colaboração*: relação centrada na aquisição e/ou na aplicação de um conhecimento entre dois ou mais alunos com habilidades similares.

Quando esses autores falam do *tipo de interação,* estão referindo-se a dois elementos. Por um lado, à igualdade (*equality*) do papel dos membros da interação. Verifica-se se as relações são simétricas (em igualdade) ou assimétricas (papéis diferentes). Por outro lado, analisa-se a *reciprocidade* na interação (*interactive structure*), isto é, a ligação, a profundidade e a bidirecionalidade das transações comunicativas. A reciprocidade pode ser baixa ou elevada. O quadro a seguir resume essa classificação de interações baseando-se em sua qualidade:

	Tutoria	Cooperação	Colaboração
Igualdade (simetria)	Baixa (assimétrica)	Elevada (simétrica)	Elevada (simétrica)
Reciprocidade	Baixa	Média	Elevada

Como se pode ver, na *tutoria entre iguais* a igualdade é baixa, pois cada aluno/a desempenha um papel diferente em função de sua condição de tutor/a ou tutorado/a. Embora a reciprocidade possa ser variável – depende da competência e das habilidades de instrução do/a tutor/a, bem como da receptividade do/o tutorado/a –, em geral ela é baixa, pois é uma interação dominada pelo/a aluno/a tutor/a.

Na *cooperação*, os papéis desempenhados pelos alunos são relativamente semelhantes ou têm um nível equivalente de responsabilidade. Portanto, produz-se uma relação geral de simetria, embora em determinados momentos haja assimetrias (relações tutoriais) que vão sendo compensadas. A reciprocidade é média e depende da concorrência entre os grupos, da distribuição de responsabilidades ou papéis entre os membros e da recompensa extrínseca ou intrínseca que estes receberem.

Na *colaboração*, há igualdade entre os membros, pois eles compartilham um nível similar de habilidade (em geral, baixo) com relação ao problema a ser resolvido. A reciprocidade também é elevada, já que os sujeitos contribuem em plano de igualdade na interação.

Nas três dimensões da aprendizagem entre iguais que acabamos de mencionar, é óbvio que a cooperação desempenha um papel central e apresenta muitas das características dos outros dois cenários. Se isso já acontece na abordagem teórica e, segundo parece, nos referimos às dimensões como se fossem um *continuum* com um espaço comum ou central de intersecção, o que deve acontecer na prática educativa?

Na verdade, a denominação de cooperação ou aprendizagem cooperativa tem a ver com práticas de ensino relacionadas à tutoria e à colaboração. Portanto, não é de estranhar que, mediante a expressão *aprendizagem cooperativa,* sejam reconhecidas historicamente as principais contribuições nesses três cenários.

Contudo, ultimamente se observa uma tendência comum a muitos autores (O'Donell e King, 1999; Dillenbourg, 1999) em entender a aprendizagem colaborativa como uma expressão mais geral que engloba as diversas dimensões da *aprendizagem entre iguais*. É verdade que a colaboração pode ser vista como a forma de aprendizagem entre iguais mais natural e espontânea. As outras, cooperação e tutoria, exigem um certo grau de artificialidade ou técnica, assim como um determinado nível de estruturação da interação.

Outros especialistas optaram por evitar a polêmica cooperação-colaboração. Este é o caso de Topping e Ehly (1998), que preferem falar de *aprendizagem assistida por iguais* (*peer assisted learning*) e descrevem as relações que surgem de forma precisa (tutoria, monitoramento, avaliação, etc.).

Neste livro – que apresenta métodos de tutoria, cooperação e colaboração –, optamos por utilizar habitualmente o termo *aprendizagem cooperativa,* devido ao uso arraigado dessa denominação na comunidade científica, mas sem renunciar em alguns casos concretos ao uso da expressão *aprendizagem colaborativa*, devido ao seu crescente impacto.

Aprendizagem cooperativa: características e métodos

O uso da interação entre iguais – a cooperação – para produzir aprendizagem requer um cuidadoso planejamento da atividade docente. De acordo com Johnson, Johnson e Holubec (1999), vejamos quais são as condições que propiciam a cooperação no seio do grupo:

1. *Interdependência positiva (Positive interdependence)*. O sucesso de cada membro está ligado ao do restante do grupo e vice-versa. Isso é estipulado através de objetivos de grupo (aprender e garantir que os outros membros do grupo também aprendam), reconhecimento grupal (o reforço não é individual, mas de grupo), divisão de recursos (distribuição da informação e limitação de materiais) e papéis complementares.
2. *Interações face a face (Face-to-face promotive interaction)*. Maximização das oportunidades de interação, permitindo dinâmicas interpessoais de ajuda, assistência, apoio, animação e reforço entre os membros do grupo. Isso comporta limitar o número de membros (em geral de 2 a 4).
3. *Responsabilidade individual (Individual accountability)*. Tenta-se evitar o principal inconveniente do trabalho em grupo, a "difusão de responsabilidades". Para garanti-la, pode-se recorrer à avaliação individual, à escolha aleatória do porta-voz ou aos relatórios pessoais de trabalho.
4. *Habilidades sociais (Social-interpersonal-skills)*. As habilidades necessárias para a cooperação (comunicação apropriada, resolução construtiva de conflitos, participação, aceitação dos outros) devem ser ensinadas para que possam ser praticadas.
5. *Auto-reflexão de grupo (Group processing)*. Os membros do grupo destinam certo tempo para refletir conjuntamente sobre o processo de trabalho, em função dos objetivos e das relações de trabalho, e tomam decisões de reajuste e melhoria.

Johnson e Johnson (1992) consideram que o primeiro desses componentes – a interdependência positiva – é crucial para uma efetiva cooperação.

Essas características diferenciam a aprendizagem cooperativa do trabalho tradicional em grupo. Embora as mais recentes e elaboradas contribuições sobre o trabalho em grupo, procedentes da tradição da dinâmica de grupos (Tejada, 1997), aproximem as duas dimensões, permitimo-nos oferecer a seguinte tabela comparativa de Johnson e Johnson para ilustrar os fatores antes indicados:

Equipe cooperativa	Grupo tradicional
Interdependência positiva	Interdependência inexistente
Responsabilidade individual	Falta de responsabilidade individual
Heterogeneidade	Homogeneidade
Liderança compartilhada	Liderança individual
Responsabilidade de grupo	Responsabilidade individual
Tarefa e processo	Importância da tarefa
Aprendizagem de habilidades sociais	As habilidades sociais são ignoradas
Observação/intervenção docente	O professor ignora os grupos
Auto-reflexão grupal	Não há auto-reflexão

Vemos, portanto, que a aprendizagem cooperativa constitui uma subclasse dentro do trabalho em grupo, para a qual não basta agrupar os alunos. Com freqüência, chamamos os grupos cooperativos de *equipes*, uma vez que se baseiam no princípio de interdependência entre seus membros.

As condições que transformam o grupo em equipe e que transformam a atividade grupal em cooperativa foram sendo criadas mediante diversos métodos. A rapidez com que se tem ampliado a vontade de incluir a aprendizagem cooperativa nas salas de aula tem levado à criação e ao aperfeiçoamento de uma série de métodos que, apesar de compartilharem em maior ou menor grau as características destacadas, constituem um conjunto diverso e até mesmo difícil de ser classificado.

Como Echeita (1995) indica, não se trata de buscar "o método cooperativo por excelência", mas de escolher em cada momento, em cada atividade e grupo de alunos aquele que potencialize mais e melhor os fatores determinantes para o trabalho cooperativo.

A prática da aprendizagem cooperativa: formação do corpo docente e superação de dificuldades

A diversidade de métodos de aprendizagem cooperativa e suas ilimitadas possibilidades de criação e combinação, devido às necessidades educativas, enriquecem os recursos do corpo docente e o dotam de uma ferramenta extremamente potente para ajustar-se à diversidade de condições do ambiente escolar.

No entanto, justamente por isso, a formação do corpo docente na prática da aprendizagem cooperativa (Johnson e Johnson, 1994) deve distanciar-se

QUADRO 1 ALGUNS MÉTODOS PARA LEVAR A APRENDIZAGEM COOPERATIVA ÀS SALAS DE AULA.

Métodos de aprendizagem cooperativa

Sharan (1994), por exemplo, fala dos métodos *Students Teams-Achievement Divisions (STAD), Team Assisted Individualization (TAI)* e *Cooperative Integrated Reading and Composition (CIRC)*, os três concebidos por Slavin; do "método de puzzle", de Aronson, desenvolvido por Slavin; do *Learning Together*, dos irmãos Johnson; da *Complex Instruction*, de Cohen; da *Group Investigation*, de Sharan, e da *Structural Approach*, de Kagan.

Slavin (1995) apresenta esses métodos, exceto o de Kagan, e acrescenta os *Teams-Games-Tournaments (TGT)* e as *Structured Dyads* (tutorias entre iguais).

Ovejero (1990) realiza uma classificação exaustiva:

1. *Jigsaw* (Aronson e colaboradores).
2. *Student-Team Learning* (métodos desenvolvidos por De Vries, Edwards e Slavin). *Student-Teams-Achievement Divisions (STAD), Teams-Games-Tournament (TGT), Team Assisted Individualization (TAI), Cooperative Integrated Reading and Composition (CIRC).*
3. *Learning Together* (Johnson e Johnson).
4. *Group Investigation* (Sharan e Sharan).
5. *Co-op Co-op* (Kagan).
6. *Scripted Cooperation* (Dansereau).

Podemos encontrar outras classificações com outros métodos, como *o Numbered Heads Together*, de Kagan, ou o *Finding Out*, de Cohen.

Embora todos eles tenham as características mencionadas, apresentam algumas diferenças entre si. Davidson (1994) identificou alguns aspectos que permitem a comparação: procedimento de agrupação, tipo de interdependência positiva, ensino de habilidades, reflexão em diferentes áreas, clima e criação de equipes, explicitação da estrutura de grupo e papéis do/a professor/a.

Slavin (1995) também realiza uma interessante comparação, levando em conta as metas de grupo, a responsabilidade individual, a igualdade de oportunidades para o êxito, a concorrência dentro da equipe ou contra outras equipes, a especialização na tarefa e a adaptação às necessidades individuais.

das aproximações prescritivas ou diretas, próprias de profissionais que só aplicam técnicas ordenadas por passos. A formação dos professores deve ter uma aproximação de caráter "estratégico" para adequar os métodos às condições, aos alunos e às necessidades do momento. Os professores têm de ser engenheiros da aprendizagem cooperativa, e não meros técnicos. Um engenheiro entende conceitualmente aquilo que aplica, é capaz de ajustá-lo à sua realidade e, em caso de necessidade, consegue corrigi-lo ou consertá-lo.

Com relação a esse último ponto – a necessidade de prever e corrigir disfunções –, convém indicar os inconvenientes ou as dificuldades com as quais se pode deparar nessa modalidade de trabalho.

Em nosso contexto atual, Lobato (1998) apresenta como possíveis dificuldades:

- Os ritmos e níveis acadêmicos diferentes.
- O individualismo dos alunos.

- A falta de preparação e de apoio dos professores.
- A dificuldade de avaliação.
- A mentalidade das famílias, interessadas apenas em determinadas aprendizagens.

Por outro lado, Rué (1998) limita-se a três fatores principais:

- A organização escolar "taylorista" em vigor.
- As percepções dos alunos.
- O grau de domínio do novo discurso pelos professores.

Para vencer essas dificuldades, a fim de introduzir a aprendizagem cooperativa nas salas de aula, também será preciso implantar a *cooperação na escola*. A escola e a empresa – como também destacavam Johnson e Johnson – organizaram-se conforme uma divisão taylorista do trabalho, separando e isolando funções e competências. Os funcionários são considerados peças intercambiáveis de uma máquina. Esse tipo de organização é evidente principalmente no ensino médio. Portanto, segundo Sharan, esta é a principal dificuldade para que as instituições adotem o uso sistemático da aprendizagem cooperativa.

As escolas devem passar de uma estrutura competitivo-individual para uma nova estrutura de alto desempenho baseada no trabalho cooperativo. Em um futuro próximo, os professores, em equipes cooperativas, terão de trabalhar em escolas organizadas conforme o princípio de inovação e destinadas à resolução de problemas (Skrtic, 1988).

Nesses cenários – que podem parecer distantes, mas para os quais nos dirigimos –, as novas tecnologias e a aprendizagem cooperativa andam lado a lado. Particularmente sugestiva é a proposta de Koschmann (1996), referindo-se ao *Computer-Supported Collaborative Learning* (CSCL) como um paradigma emergente, ou os recentes trabalhos de Almog e Hertz-Lazarowitz (1999), que imaginam um futuro em que as salas de aula serão concebidas como ambientes de aprendizagem com tecnologias avançadas (*Learning Environment with Advanced Technologies*), nos quais professores e alunos atuem como em uma comunidade de aprendizes.

Em um futuro próximo, portanto, aparentemente ambas as linhas de trabalho – aprendizagem cooperativa e novas tecnologias – podem estabelecer uma relação simbiótica a fim de complementar os aspectos presentes em cada perspectiva (na cooperação, pouco controle do trabalho individual; na aprendizagem por computador, individualização e isolamento social).

Interrogações clássicas sobre a aprendizagem cooperativa

Não queremos finalizar esta primeira parte da introdução sem responder a certos tópicos que a aprendizagem cooperativa suscita na prática docente.

Eles são apresentados a partir de algumas *Frequently Asked Questions* (FAQ) que Kagan (1985) pesquisou entre os professores americanos, a quem pretendia convencer sobre a conveniência de praticar a cooperação, e de outras perguntas que nos parecem socialmente mais próximas.

- *Se devemos preparar os alunos para um mundo competitivo, por que temos de basear nosso ensino na aprendizagem cooperativa?*

Mesmo admitindo que não desejamos formar cidadãos capazes de transformar a sociedade, temos de reconhecer que esta não é só competitiva e que, em certos aspectos, cada vez o é menos. Ser competitivo também significa ser capaz de trabalhar em equipe. De fato, as equipes mais competitivas no mundo profissional, científico ou esportivo o são graças à cooperação entre os indivíduos.

- *Se os alunos mais capacitados sempre têm de ajudar, será que eles não deixam de aprender?*

Em geral, o fato de ser mais capaz que outros colegas varia em função dos conteúdos, dos conhecimentos prévios e do interesse pelas matérias. Um/a aluno/a não é mais capaz que outros em tudo e, de qualquer forma, mesmo nas situações mais extremas, como no caso de um/a aluno/a que atua como tutor/a de outro/a, através do ato de ensinar ele tem a oportunidade de dominar mais profundamente os conteúdos e de aprender habilidades de liderança, auto-estima e resolução de conflitos.

- *Se os alunos devem interagir entre si (falar, discutir...), não terei problemas de disciplina na sala de aula?*

Não, se as normas ficarem claras. Por outro lado, o papel do/a professor/a na sala de aula modifica-se e uma de suas principais funções é a de manter o clima de trabalho. Os problemas clássicos de disciplina tendem a desaparecer, pois o controle do cumprimento de normas é transferido para as equipes.

- *Nos trabalhos de grupo, não há alguns/mas, alunos/as que não fazem nada e se aproveitam dos colegas?*

Certamente, este é um problema que pode acontecer: é o que se denomina *difusão da responsabilidade*. Entretanto, na aprendizagem cooperativa, a interdependência positiva (o sucesso individual depende do da equipe, e vice-versa) faz com que a contribuição de cada membro seja imprescindível. No método de quebra-cabeça, por exemplo, a tarefa não pode ser realizada a menos que cada membro faça sua parte.

- *Não é mais efetivo e mais rápido explicar um conteúdo do que aprender através do trabalho cooperativo?*

Depois de uma exposição na sala de aula, nós, professores, sempre temos a impressão de que transmitimos o conteúdo programado. No entanto, nunca temos certeza de que os alunos aprenderam. O fato de termos comunicado rapidamente o conteúdo não significa que o ensinamos. Pela aprendizagem cooperativa, não transmitimos, mas tornamos possível o aprendizado de todos os alunos. Além disso, quando há uma grande interação entre eles, o aproveitamento do tempo é maior que na sala de aula tradicional (Greenwood et al., 1990), porque há muito tempo de trabalho efetivo, pouco destinado a orientações de gestão, e escassas chances de realizar uma tarefa pouco útil.

- *E com tanta cooperação não se corre o risco de que os/as alunos/as percam sua individualidade?*

Já indicamos que a contribuição individual de cada membro do grupo é imprescindível. Entretanto, mesmo os autores mais partidários da aprendizagem cooperativa não a defendem como único método de ensino, mas apóiam seu uso combinado com o de outras metodologias.

ESTRUTURA DA OBRA

No início desta introdução, definimos o termo *trama* como o esqueleto de madeira que serve para fazer uma parede, um tabique ou um assoalho. O esqueleto que forma a trama desta obra é constituído por:

- *Narrações* que explicam os problemas de um conjunto de personagens no dia-a-dia de uma instituição de ensino médio.
- *Métodos* de aprendizagem colaborativa ou cooperativa que favorecem um tipo de interações entre esses personagens.
- *Conteúdos curriculares* selecionados por sua relevância social.

De qualquer maneira, esses três aspectos fundem-se de forma expressa em cada um dos capítulos – ainda que não de modo uniforme –, mas intencionalmente um deles se destaca com relação aos demais, devido ao tema tratado. Assim, por exemplo, no Capítulo 3, "Não encontrei margaridas", o dramatismo do argumento (a perda dos familiares em um acidente de carro) prevalece sobre o método proposto para apaziguar a situação (a criação de um grupo de apoio) e os conteúdos envolvidos (a morte como tema de trabalho com os alunos). Método e conteúdos adquirem um papel secundário, para que o/a leitor/a compreenda que a dor sentida pela protagonista exige uma reestruturação cognitiva que vai além da vida da instituição e do que os colegas podem fazer nesse contexto.

Ao contrário, no Capítulo 7, "Um de ida e outro de volta", porém, o conteúdo – a relação entre dois profissionais com diferentes graus de competência e experiência – transforma-se no foco que articula tanto o método (a colaboração interprofissional) como o argumento narrativo (a chegada de três crianças muito conflituosas à instituição), pois nesse caso a chave para a cooperação é a mudança nas expectativas e nos preconceitos relativos ao outro.

Por último, no Capítulo 8, "Videoconferência natural", o método cooperativo, o grupo natural, adquire um papel preponderante na fala de ex-alunos que faziam parte dele e que agora, graças aos avanços tecnológicos, voltam a se encontrar para avaliar as experiências vividas na instituição escolar.

Vamos analisar mais profundamente os três eixos que estruturam o livro.

As narrações

Para além do valor literário que possam ter os diferentes relatos incluídos no livro e de sua leitura fácil e amena, o fato de se recorrer a uma narração para ilustrar a aplicação de alguns dos principais métodos cooperativos obedece, em primeiro lugar, ao interesse formativo da análise de casos e, em segundo lugar, à necessidade de explicitar as dificuldades que ocorrem quando se pretende formar e consolidar equipes cooperativas em contextos educativos. Por isso, tentamos refletir de modo verossímil uma instituição pública de ensino médio formada por professores, alunos e assessores com características comuns aos profissionais da vida real, que têm de enfrentar determinadas situações que, embora não freqüentes, são pelo menos possíveis.

Por outro lado, as narrações permitem que o/a leitor/a visualize concretizações dos diferentes métodos, o que lhe permitirá um profundo conhecimento da aprendizagem cooperativa, em vez da simples descrição de passos para uma suposta aplicação mimética.

Em cada um dos oito capítulos que formam esta obra, apresenta-se uma situação dramática específica e de leitura independente. Cada narração opta por estilos e formas muito diferenciados. Entretanto, ao mesmo tempo, cada uma delas tem um fio condutor: o contexto em que transcorre a ação é uma instituição de ensino médio. Portanto, o/a leitor/a encontrará personagens que aparecem em diferentes narrativas e que dão unidade à obra. Contudo, apesar disso e de certos elementos de início e desenlace do argumento, as narrações podem ser lidas de maneira independente, na ordem que mais interessar e em função dos métodos cooperativos que se preferir conhecer.

Os métodos de aprendizagem cooperativa ou colaborativa

Entre a complexa variedade de métodos de aprendizagem cooperativa à qual nos referimos anteriormente, selecionamos oito, embora pudéssemos ter incluído mais alguns. Os critérios levados em consideração para selecionar esses oito métodos foram os seguintes:

- Conhecimento: os métodos mais freqüentes ou conhecidos (quebra-cabeça, grupo de pesquisa ou ensino recíproco), criados e divulgados por autores reconhecidos na temática.
- Variedade de dimensões: métodos que abranjam as três dimensões clássicas da aprendizagem entre iguais (tutoria, cooperação e colaboração). Por isso, incluiu-se a tutoria entre iguais ou o grupo de apoio.
- Aplicação: foram priorizados métodos aplicáveis a muitas áreas curriculares e deixados de lado métodos projetados para apenas um tipo de conteúdos, como o *Cooperative and Integrated Reading and Composition* (CIRC).
- Proximidade: embora a maioria dos métodos de aprendizagem cooperativa proceda do âmbito anglo-saxônico, tentou-se incorporar ou mencionar algumas experiências reais de nosso próprio contexto educacional, como é o caso de algumas matérias opcionais ou do grupo natural.
- Flexibilidade: incorpora-se um método (o jogo de papéis) procedente da tradição da dinâmica de grupos, a fim de mostrar que as técnicas clássicas podem ser utilizadas para frisar as condições da cooperação.

Os métodos incluídos e exemplificados no livro são, por ordem de aparecimento: a tutoria entre iguais, o ensino recíproco, o grupo de apoio, o quebra-cabeça, o jogo de papéis, o grupo de pesquisa, a colaboração interprofissional e o grupo natural.

A quantidade de métodos e a decisão de escolher apenas alguns deles levaram-nos a deixar de lado alguns muito conhecidos, como o *Teams-Games-Tournament* (TGT) e outros semelhantes, por considerar que o estabelecimento de estruturas competitivas baseadas apenas no desempenho dos alunos estimula a motivação extrínseca e o sucesso individual, conforme destacam McCarthey e McMahon (1992). A controvérsia entre competição e cooperação – que não podemos tratar aqui – nos levaria a defender um uso equilibrado de ambas, sempre de acordo com a afirmação de Serrano e González-Herrero (1996) de que a escola (que potencializou muito a primeira, da qual conhecemos efeitos negativos, e pouco a segunda, livre de contra-indicações) deveria estimular a competição consigo mesmo e a cooperação com os demais.

Um aspecto diferencial deste livro é que ele não mostra apenas os alunos cooperando (por exemplo, no Capítulo 1, Júlia ajuda Ibraim, uma criança do Kosovo), mas também os professores colaborando entre si (no Capítulo 5, na hora de preparar uma sessão de tutoria) e com outros profissionais (no Capítulo 7, colaboram um professor, o assessor psicopedagógico e uma assistente social). Ele também mostra como deveriam agir profissionais não-ligados à educação (no Capítulo 4, o pai de Alberto, técnico em computação gráfica).

Por outro lado, nem sempre o objetivo da cooperação é a aprendizagem (ao contrário do que acontece no Capítulo 2, no qual se favorece a compreensão leitora). Por vezes, a finalidade é a integração pessoal e social de alguns alunos que apresentam comportamentos inadequados (Capítulo 7), o apoio emocional a uma colega (Capítulo 3) ou a maior eficácia de uma equipe de produção de programas informáticos (Capítulo 4).

Ainda que cada um dos métodos mencionados apareça implicitamente no texto, no final de cada Capítulo incluiu-se uma ficha didática e outra técnica, nas quais é possível consultar diretamente as características de cada procedimento de cooperação apresentado. Em concreto, os campos que essas fichas introduzem são os seguintes:

FICHA DIDÁTICA:

- **Alguns comentários da narração**: em um primeiro momento, à guisa de introdução, destacam-se determinados fragmentos da narração diretamente relacionados aos fundamentos da aprendizagem cooperativa e, de maneira mais específica, ao método proposto.

FICHA TÉCNICA:

- **Nome**: incluem-se os principais nomes e sinônimos com os quais o método é conhecido.
- **Métodos afins**: citam-se outros métodos e técnicas que, por seus objetivos e características, são muito semelhantes ao proposto.
- **Composição da equipe**: comenta-se o tipo de agrupamento que deve ser criado, o grau de heterogeneidade necessário e os critérios a serem seguidos para formá-lo.
- **Descrição**: explica-se muito sinteticamente em que consiste o método em questão.
- **Fases de aplicação**: indicam-se os diferentes passos a serem seguidos para aplicar o método proposto.
- **Indicações**: especifica-se qual é a matéria e o nível educativo que permite obter mais proveito das virtudes do método apresentado.
- **Orientações:** comentam-se alguns requisitos para garantir o correto desenvolvimento da técnica e as possíveis dificuldades e obstáculos a serem antecipados.

- **Referências Bibliográficas:** inclui-se uma breve bibliografia, centrada fundamentalmente no método cooperativo proposto.
- **Algumas reflexões:** são apresentadas algumas interrogações, dúvidas e atividades para ajudar o/a leitor/a a relacionar o método explicado à sua realidade e prática profissionais.
- **Sugestões de trabalho com os alunos:** são propostas questões e atividades destinadas aos estudantes, a fim de que possam compreender o sentido e o significado do método cooperativo apresentado.

Os conteúdos curriculares

A terceira das "vigas" que forma nossa trama são os *conteúdos curriculares*, sobre os quais se constrói a narração e o ponto em que os métodos cooperativos encontram seu sentido e sua orientação. A seguir, oferecemos uma breve síntese dos principais conteúdos distribuídos ao longo dos diferentes capítulos:

- CAPÍTULO 1: Concepções sobre ensinar e aprender. O poder dos iguais como recurso para a aprendizagem. Imigração e solidariedade.
- CAPÍTULO 2: A compreensão de um texto por meio de uma estratégia de leitura compartilhada. A anorexia mental. Auto-imagem, publicidade e estética.
- CAPÍTULO 3: O apoio dos demais como ajuda frente aos problemas emocionais. A empatia e a perspectiva afetiva. A morte como conteúdo educativo.
- CAPÍTULO 4: Competência *versus* cooperação no mundo do trabalho. O compromisso com a equipe e com a própria aprendizagem. As fontes de energia. A comunicação entre diferentes gerações.
- CAPÍTULO 5: A mudança das próprias atitudes mediante a dramatização. Homossexualidade, machismo e homofobia. Formas de intolerância.
- CAPÍTULO 6: A pesquisa como forma de conhecimento. Bom uso, mau uso e abuso das coisas. As drogas sintéticas. A fronteira entre legalidade e ilegalidade.
- CAPÍTULO 7: A colaboração entre diferentes profissionais. A experiência como rotina ou como fonte de aprendizagem. Preconceitos e estereótipos diante de outras profissões. Os maus-tratos e a violência juvenil.
- CAPÍTULO 8: Os efeitos e "afetos" do trabalho em grupos naturais. A colaboração através de redes informáticas. A aprendizagem autônoma (aprender a aprender).

3. NÍVEIS DE UTILIZAÇÃO DESTE LIVRO

Tal como está estruturado, este livro permite diferentes níveis de leitura pelos profissionais do ensino que se interessarem por suas páginas:

1. *"Ver", a partir da prática, diferentes métodos de aprendizagem cooperativa.* Isso equivaleria a conhecê-los a partir da experiência de um participante. A independência de cada narração permite que o/a leitor/a decida a ordem e a quantidade de narrações que deseja ler. Normalmente, o itinerário é construído em função dos métodos que se deseja conhecer.
2. *Leitura das fichas e resolução das atividades.* Quando o objetivo for a formação para a prática da aprendizagem cooperativa, a leitura da narração deverá ser complementada com os conteúdos da ficha, a fim de se extrair desta última os conteúdos generalizáveis.
3. *Formação de assessores.* Nesses casos, o uso deve ser mais dedutivo, partindo-se da ficha para identificar os aspectos mais interessantes das narrações. Além disso, as referências bibliográficas serão muito úteis.

Embora os destinatários do presente livro sejam os/as professores/as do ensino médio, pode surpreender que, nas fichas técnicas, também se incluam algumas sugestões para trabalhar com os alunos. Deve-se esclarecer que, ainda que este não seja um livro destinado ao trabalho de tutorias, os temas tratados e a própria estrutura narrativa podem torná-lo útil para introduzir alguns temas curriculares (anorexia, drogas sintéticas, etc.) e, sobretudo, para convidar os/as alunos/as a refletir sobre os princípios e as atitudes que possibilitam ao trabalho em equipe ser realmente enriquecedor e eficaz na aprendizagem e na resolução de problemas.

No momento de propiciar um determinado tipo de reflexão entre os estudantes, um aspecto que nos parece particularmente interessante é a leitura de alguns capítulos em que se manifesta com clareza a perspectiva dos professores ao enfrentar alguns conflitos pessoais ou profissionais. Com freqüência, parece que os professores e os adultos que rodeiam os jovens não passam por crises agudas, não experimentam determinadas contradições ou não se deparam com dificuldades para trabalhar conjuntamente com outras pessoas. Por isso, convém manifestar o conflito e as medidas tomadas para resolvê-lo, pois essa mudança de perspectiva pode ter um inusitado valor formativo para os estudantes.

Por último, gostaríamos de indicar que, no final da obra, incluímos uma bibliografia comentada que reúne uma seleção de livros, números monográficos de revistas e páginas *web,* a fim de que o/a leitor/a interessado/a possa aprofundar mais seu conhecimento na matéria.

Gostaríamos de concluir esta introdução com as palavras de Mark Twain, no prólogo de *As aventuras de Hucklebery Finn*:

> As pessoas que tentarem encontrar um motivo nesta narração serão processadas; as pessoas que tentarem encontrar uma moralidade serão desterradas; as pessoas que tentarem encontrar uma trama serão executadas.
>
> Por ordem do autor.

Saiba o/a leitor/a que de forma alguma cumpriremos as ameaças e que ficaremos satisfeitos se algum/a professor/a concluir que alguma das idéias expostas no livro – devidamente ajustada – pode ser-lhe útil para melhorar a qualidade de ensino de seus alunos. Apenas isso.

REFERÊNCIAS BIBLIOGRÁFICAS

ALMOG, T., y HERTZ-LAZAROWITZ, R. (1999): «Teachers as peer learners: Professional development in an advanced computer learning environment», en A. O'DONELL y A. KING (eds.): *Cognotive perspectives on peer learning.* New Jersey: Lawrence Erlbaum Associates.

COLL, C. (1984): «Estructura grupal, interacción entre alumnos y aprendizaje escolar», en *Infancia y Aprendizaje,* nº 27-29, p. 119-138.

COLL, C., y COLOMINA, R. (1990): «Interacción entre alumnos y aprendizaje escolar», en C. COLL, J. Palacios y A. MARCHESI (eds.): *Desarrollo psicológico y educación II. Psicología de la Educación.* Madrid. Alianza Editorial.

DAMON, W., y PHELPS, E. (1989): «Critical distinctions among three approaches to peer education», en *International Journal of Educational Research,* nº 58 (2), p. 9-19.

DAVIDSON, N. (1994): «Cooperative and collaborative learning», en J.S. THOUSAND y A. NEVIN (eds.): *Creativity and collaborative learning.* Baltimore: Paul H. Brookes Publishing Company.

DILLENBOURG, P. (ed.) (1999): *Collaborative learning. Cognitive and Computacional Approaches.* Oxford (UK): Elsevier Sciencie Ltd.

ECHEITA, G. (1995): «El aprendizaje cooperativo. Un análisis psicosocial de sus ventajas respecto a otras estructuras de aprendizaje», en P. FERNÁNDEZ y M.A. MELERO (comp.): *La interacción social en contextos educativos.* Madrid: Siglo XXI.

GREENWOOD, C. R., CARTA, J; y KAMPS, D. (1990): «Teacher-mediated versus Peer-mediated instruction: a Review of advantages and disadvantages», en H.C. FOOT; M.J. MORGAN y R.H. SHUTE (comps.): *Children helping children.* Chichester: John Wiley and Sons.

JOHNSON, DAVID W., y JOHNSON, ROGER T. (1991): *Learnig together and alone. Cooperative, competitive and individualisytic learning.* Needham Heights: Allyn and Bacon.

JOHNSON, DAVID W., y JOHNSON, ROGER T. (1992): «Positive Interdependence: Key to Effective Cooperation», en R. HERTZ-LAZAROWITZ y N. MILLER: *Interaction in cooperative groups.* Cambridge: University Press.

JOHNSON, DAVID W., y JOHNSON, ROGER T. (1994): «Learning together», en S. SHARAN: *Handbook of Cooperative Learning Methods.* London: Praeger.

JOHNSON, DAVID W., JOHNSON, ROGER T., y HOLUBEC, EDYTHE J. (1999): *El aprendizaje cooperativo en el aula.* Barcelona: Paidós.

KAGAN, S. (1985): *Cooperative Learning.* California: Resources for Teachers, Inc.

KOSCHMANN, T. (ed.) (1996): *CSCL: Theory and practice of an emerging paradigm.* New Jersey: Lawrence Erlbaum Associates.

LOBATO, C. (1998): *El trabajo en grupo. Aprendizaje cooperativo en secundaria.* Bilbao: Euskal Herriko Unibertsitatea.

MARCHESI, A. (2000): *Controversias en la educación española.* Madrid: Alianza Editorial.

McCARTHEY, S.J; y McMAHON, S. (1992): «From convention to invention: three approaches to peer interactions during writing», en R. HERTZ-LAZAROWITZ, y N. MILLER: *Interaction in cooperative groups.* Cambridge: University Press.

MEDRANO, C. (1995): «La interacción entre compañeros: el conflicto sociocognitivo, el aprendizaje cooperativo y la tutoría entre iguales», en *Revista Interuniversitaria de Formación de Profesorado,* nº 23, p. 177-186.

MUGNY, G., y DOYSE, W. (1983): *La construcción social de la inteligencia.* México: Trillas.

O'DONELL, A., y KING, A. (eds.) (1999): *Cognitive perspectives on peer learning.* Mahwah, New Jersey: Lawrence Erlbaum Associates, Inc.

OVEJERO, A. (1990): *El aprendizaje cooperativo. Una alternativa eficaz a la enseñanza tradicional.* Barcelona: PPU.

PIAGET, J. (1978): *La equilibración de las estructuras cognitivas. Problema central del desarrollo.* Madrid: Siglo XXI.

PUJOLÀS, P. (1999): «Atención a la diversidad y aprendizaje cooperativo en la ESO», *Revista de Educación Especial,* nº 26, p. 43-99.

RUÉ, J. (1998): «El aula: un espacio para la cooperación», en C.MIR, C. (coord.): *Cooperar en la escuela. La responsabilidad de educar para la democracia.* Barcelona: Graó.

SERRANO, J., y GONZÁLEZ-HERRERO, M.E. (1996): *Cooperar para aprender: ¿Cómo implementar el aprendizaje cooperativo en el aula?* Murcia: DM.

SHARAN, S. (1994): *Handbook of Cooperative Learning Methods.* London: Praeger.

SKRTIC, T.M. (1989): «Students with Special Educational Needs: Artifacts of the traditional curriculum», en M. AINSCOW (ed.): *Effective Schools for all.* London: David Fulton Publishers.

SLAVIN, R. (1980): «Cooperative learning», en *Review of Educational Research, v.* 50, nº 2, p. 315-342.

SLAVIN, R.E. (1995): *Cooperative learning.* Massachusetts: Allyn and Bacon.

SOLÉ, I. (1997): «Reforma y trabajo en grupo», en *Cuadernos de Pedagogia,* nº 255, febrero, p. 50-53.

TEJADA, J. (1997): *Grupo y educación: técnicas de trabajo y análisis.* Barcelona: Edicions de la Llibreria Universitària de Barcelona.

TOPPING, K; y EHLY, S. (ed.) (1998): *Peer-assisted learning.* New Jersey: Lawrence Erlbaum Associates.

VIGOTSKY, L.S. (1988): *Pensament i llenguatge.* Vic: Eumo.

1

De Kosovo, com Amor

Tutoria entre Iguais

Queridos amigos e amigas:

Tive de partir repentinamente e quase nem tive tempo de me despedir de vocês. Nos últimos tempos, tenho a sensação de que as coisas, de repente e inesperadamente, tornaram-se mais urgentes. Há alguns meses, sem nenhum preâmbulo, minha mãe me disse: "Ibraim, na terça-feira você vai para a Catalunha". Não precisei de muitas explicações. Até mesmo uma criança como eu podia perceber que as coisas iam de mal a pior em Prístina. Outros moradores também estavam indo embora. Só fiquei surpreendido com a "terça-feira". Quando alguém fala de um dia de semana sem número significa que vai ser já. Não na terça-feira dia 28, o que significaria que ainda restam algumas semanas... Fui ficando sem tempo para me despedir do lugar, das pessoas... "Não se preocupe, você volta logo!", disse minha mãe, sem me convencer totalmente.

E, apesar de saber que minha estadia com vocês seria temporária e que logo regressaria a meu país, para ficar com minha família, não imaginava que isso aconteceria de novo de forma tão precipitada. Ontem, quando cheguei à casa das minhas tias, saindo da escola, uma delas me avisou:

– Sua mãe ligou. Amanhã você volta para casa!

Sonhava com essa notícia todas as noites, esta era a esperança que me acompanhava a cada instante. E não ocultei a felicidade que a novidade me causou. Sentia tanta falta de minha mãe, de meu pai, de meu irmão, do meu bairro, da minha gente, do meu país... Minha tia me abraçou, assim como meu tio e Geraldo... Abraçados, nós quatro devíamos parecer uma equipe de rúgbi. Não conseguiria dizer quem foi o primeiro a começar a chorar, mas dizem que as emoções são contagiosas.

Depois de alguns minutos, tive coragem de romper o silêncio:

- E a que hora vou embora?
- Você tem de estar no aeroporto às sete da manhã – disse meu tio. Vou acompanhar você. Vai ter de fazer uma escala em Paris e de lá tomar outro avião até....
- Não vou ter tempo de me despedir dos meus colegas?
- Não se preocupe, farei isso em seu nome – disse Geraldo, ainda com voz embargada.
- Talvez os professores ainda estejam na escola e, se eu me apressar, poderei lhes dizer adeus...

Minha tia consentiu e disse que eu devia tentar isso, enquanto eles preparavam um jantar especial para a ocasião. Saí correndo como um foguete até a escola. Alguns dias os professores têm reunião e vão embora depois que todos já se foram.

Quando perguntei ao porteiro onde estava Luísa, minha tutora, ele respondeu:

- Está em reunião, mas me parece que você quer vê-la por algum motivo urgente, não é mesmo?

Pouco depois, aparecia Luísa, com um sorriso que dispensava meu pedido de desculpas pela interrupção.

- Vim lhe avisar que amanhã cedinho estou voltando para casa.
- Oh! – exclamou ela. Que bela surpresa! Você deve estar muito contente...

Luísa segurava meus braços com suas mãos. Os professores não mostram muito seus sentimentos.

- Cedinho... Pena que esta tarde não haja aula, porque senão poderíamos fazer uma festinha de despedida com seus colegas...
- Teria gostado muito... Estou muito contente com a forma como me trataram. Aprendi muito com vocês, tanto com os professores quanto com os colegas.
- E com Júlia... Que pena que você não possa dizer isso a ela!
- Sim, também acho. Além disso, a princípio fui um pouco antipático com ela, você me entende, não é?
- Sabe de uma coisa? Quando chegar a Kosovo, você nos manda uma carta e, quando a recebermos, nós a leremos em voz alta para toda a classe. O que você acha?

Disse que sim, e ela me acompanhou em silêncio até a porta da rua.

– Boa sorte, Ibraim. E não se esqueça de que aqui sempre poderá contar com um monte de amigos.

Ela me deu um par de beijos e eu lhe disse que esperava poder regressar, no futuro, por outros motivos. Ela me entendeu.

Ia caminhando, pensando que Luísa tinha sido uma boa tutora e Júlia também. Teria gostado tanto de dizer isso a ela... Pobre Júlia... De repente, ouvi um grito de Luísa:

– Não se esqueça da carta!

Ela ainda estava na porta da escola, rodeada por muitos outros professores:

– Boa sorte! Boa viagem! – gritavam todos eles.

Inclinei-me com um gesto de gratidão e comecei a correr, como se fugisse dessas situações de despedida tão comoventes. De qualquer forma, acho que estraguei sua reunião.

Hoje, aqui, no aeroporto de Paris, esperando chegar a hora de tomar outro avião, cumpro a promessa que fiz à Luísa e lhes escrevo estas linhas.

Sei que elas serão lidas na sala de aula porque, em novembro, no primeiro dia que fui à escola, todos vocês já sabiam meu nome e várias coisas que, infelizmente, estavam acontecendo em meu país. Luísa tinha preparado minha chegada.

Apesar de tudo, não posso negar que, para mim, a experiência foi muito dura. "Um dia *heavy*", como diria Humberto. As circunstâncias que me obrigavam a morar no país de vocês, os diferentes costumes, comidas, uma escola tão distinta das do meu país... Muitas mudanças repentinas.

E a língua... Vocês já sabem que minha mãe, filha de uma catalã que casou com um combatente das brigadas internacionais, é tradutora e que, em casa, ela fala conosco em espanhol. Mas, é claro, meu nível de espanhol era muito... Como poderia dizer? *Caseiro*, digamos.

Recordo perfeitamente o primeiro dia de aula com Oriol como professor. Antes de começar, ele me fez sentar ao lado de Marcos, que sabe muito de sua matéria e que estava disposto a me dar uma mão.

– Marcos vai lhe ajudar, peça que ele esclareça o que você não entender. Quando estivermos explicando o conteúdo, se você se perder, não deixe de levantar a mão e perguntar. Alguns não se atrevem a perguntar e, por isso, ficarão agradecidos... E fique tranqüilo, que aqui todos já começaram há muito tempo e por esse motivo estão mais adiantados que você.

Depois ele começou a falar, a expor a lição. Não podia acompanhar tudo o que ele dizia: rápido demais, um número muito grande de palavras desconhecidas... Ficava observando vocês e pensando: "Que vergonha, não estou entendendo nada!".

Marcos anotava e me olhava de esguelha. Quando eu surpreendia seu olhar, ele me sorria. Não estava nada disposto a levantar a mão e revelar qual era minha situação, nem a lhe pedir que me fizesse um resumo do assunto. O professor fazia perguntas e alguns levantavam a mão para responder, inclusive Marcos, e eu não queria parecer um tolo e admitir que estava fora da jogada. Essa situação me enchia de raiva. Estive prestes – e não exagero – a sair da sala.

Sorte que, quando estava examinando seriamente esta última possibilidade, nos mandaram fazer um trabalho em grupo e Marcos e outros colegas ajudaram a me situar um pouco. Eles me apresentaram um pequeno resumo das idéias principais e começamos a ler as instruções de uma atividade em que tínhamos de localizar em um mapa diferentes tipos de indústrias. Isso me salvou, porque a geografia é um dos meus pontos fortes.

- E aí, tudo bem? – perguntou o professor Oriol, aproximando-se de meu grupo.

Os outros lhe responderam que tudo bem e se referiram a mim:

- Ele é um craque, sabe todos os países!
- Nada bem – confessei, percebendo que tinha de dizer algo. – Nada bem. Não entendi bem a lição, perdi sua explicação...
- Não se preocupe, é o primeiro dia... O importante é que agora estão trabalhando, aprendendo...

Não disse nada. Reconheço que isso me desconcertou. Até pensei que Oriol, apesar de professor, talvez fosse um pouco tolo. Sempre tinham me dito que nós, alunos, aprendemos com os professores. Os professores têm os conhecimentos e sabem como fazer para que os aprendamos. Entre nós, colegas, podemos nos ajudar, mas na verdade quem ensina, a pessoa com quem realmente aprendemos, é o professor.

Por isso não pude entender por que, depois de confessar que não tinha entendido nada, o cara permanecesse tão tranqüilo. Pensei que, se continuássemos assim, aprenderia pouca coisa nessa escola. Eu precisava era de um professor que me acompanhasse bem de perto. Um professor especial. Além disso, tinha certeza de que outros também não tinham entendido a explicação. Poderíamos nos reunir em um grupo separado com um professor só para nós.

A atividade coletiva funcionou muito bem, tanto que nosso grupo foi o que apresentou a exposição ao resto da turma. Até eu tive de participar, localizando a região e a variedade industrial da antiga Iugoslávia. Expliquei a importância que a siderurgia tinha e, não sei bem se por cortesia, todos vocês pareciam desconhecer totalmente esse fato. Mas isso não impediu que saísse da sala de aula com a sensação de ter perdido a parte mais importante, a do professor.

Depois, Luísa nos acompanhou à sala da tutoria entre iguais. Enquanto caminhávamos por corredores repletos de crianças tão escandalosas quanto as do meu país, ela tentava explicar o que aconteceria a seguir:

- Agora você vai ter uma matéria opcional. É de reforço de Língua Espanhola e vai ser muito útil para você.
- Luísa, estive pensando que talvez tenha de ir para um grupinho separado dos outros... Em meu país, os alunos com dificuldades começam a trabalhar coisas diferentes com um professor especial só para eles...
- Nesta matéria, Ibraim, você vai ter um professor só para você durante toda a hora!

"Nossa!" – pensei –, "acho que um professor só para mim vai ser um exagero..."

Quando entramos na sala de aula, Luísa apresentou-me a Nuria, a coordenadora da tutoria entre iguais, e depois desapareceu. Se tivesse ficado um pouquinho mais, eu teria lhe perguntado se estava brincando, porque na verdade vi que havia uns trinta alunos na sala de aula e só uma professora: Nuria. Ainda pior que antes!

Os alunos foram se sentando em pares; contei dezoito grupos de dois e a professora me apresentou ao resto da turma. Creio que me acharam um pouco antipático, porque estava desconcertado: uma professora e quase quarenta alunos, que estranho!

- Podem começar! – ordenou a professora, e vi que cada dupla de alunos começava a conversar. Venha, Ibraim, que vamos explicar como é que isto funciona...

Ela pegou meu braço e me levou até um aluno que estava sozinho. Era uma menina da minha turma, já a tinha visto.

- Suponho que você já conhece a Júlia, é de sua turma. Você sabe que a matéria de Língua Espanhola está baseada na tutoria entre iguais: aqui ela vai ser sua tutora.

Olhei para ambas, sem entender direito o que a professora queria dizer. Uma aluna, como eu, tutora?

- Como você pode ver, todos trabalham em duplas: Júlia, que sabe muito de Língua Espanhola, é a tutora, e você, que sabe menos, é o tutorado. Ela aprofunda seus conhecimentos e aprende ensinando, enquanto você reforça seus conhecimentos e aprende com uma colega que vai ensinar durante uma hora.

Comecei a entender: uma aluna seria minha professora... Durante a aula, supunha-se que eu teria de aprender com uma menina "professora". Observei as duplas, para ver se estavam rindo da situação. Durante algum tempo achei que estavam tirando "sarro" da minha cara.

- Você percebe? Todos os tutores são alunos da quarta série, que são bons em Língua Espanhola e que, assim, aprofundam seus conhecimentos na matéria. Os tutorados são da terceira série e têm dificuldades em Espanhol; para eles se trata de um reforço.

Júlia estava me observando sem abrir a boca; acho que percebia que eu não estava convencido. Continuava olhando para as outras duplas com o canto dos olhos. Os dois membros de cada par agora estavam lendo um texto. Havia muitos murmúrios na sala, mas achei normal: uma professora para tanta gente!

- Todos eles receberam uma formação inicial para saber o que cada membro da dupla deve fazer, mas não é tão difícil como parece... Júlia, pode explicar ao Ibraim o que fazemos em cada aula?
- Sim, claro! Todos os dias temos uma ficha de atividades; a de hoje é esta... Como você pode ver, é um texto. Antes de lê-lo, temos de sugerir algumas hipóteses, a partir do título e da forma, e ver o que sabemos sobre o assunto e quais as dificuldades que podemos encontrar... Por exemplo, você sabe que tipo de texto é este?
- Parece que foi tirado de um jornal... Acho que é uma notícia... Pela manchete, parece que se refere a um assalto...
- Isso mesmo! Você acha que teremos alguma dificuldade com o tema?
- Com o assalto?
- Não. Quero dizer que talvez apareçam algumas palavras específicas, como *butim** ou *álibi*... Vamos tentar descobrir seu significado através do contexto.

Nuria escutava o que Júlia dizia e controlava com o olhar o resto das duplas, que continuavam lendo o texto em voz alta.

- Vamos dedicar os primeiros quinze minutos da sessão a ler o texto. Primeiro eu o leio em voz alta e você me acompanha. Minha leitura

* N. de R. Produto de roubo ou pilhagem (*Dicionário Houaiss*, 2001, p. 535).

deve servir como modelo de velocidade, pronúncia, entonação... Depois o lemos juntos em voz alta e, finalmente, você o lê sozinho...

- Também em voz alta – esclareceu Nuria.
- Enquanto você lê, se cometer algum erro, tocarei seu braço para avisar e darei um tempo para você se corrigir; se for preciso, dou alguma pista e, se não houver remédio, direi a resposta.
- E sempre vai incentivá-lo...
- Sim, e sempre vou tentar incentivar você...
- Incentivar? – perguntei, cada vez mais alucinado.
- Direi "muito bem! continue!"... No próximo quarto de hora, temos de nos dedicar à compreensão escrita. Vamos ver se a hipótese, a suposição que fizemos antes de ler o texto, confirmou-se ou não e vamos resolver as atividades que constam da ficha. Olhe, hoje é preciso responder estas perguntas...

Ela me mostrou a folha. Sob o texto extraído do jornal havia exercícios. "Quantas pessoas formam a quadrilha de assaltantes? Qual delas é mais esperta? Por quê?".

- No terceiro quarto de hora da sessão vamos nos dedicar à expressão escrita; nas folhas de atividade nos pedem para fazer uma redação ou um ditado. Olhe só, hoje temos de elaborar um diálogo entre os assaltantes, o pessoal do bando e os clientes.
- Você sabe quantas horas por semana temos de matérias optativas, Ibraim? – perguntou Nuria.
- Luísa me disse que são três.
- Isso mesmo. Como temos três dias, no último quarto de hora do primeiro nos dedicamos à velocidade de leitura; nos últimos quinze minutos do segundo, à expressão oral – disse Nuria.
- Sim, hoje temos de preparar o discurso que o policial pronunciaria pelo megafone para convencer os assaltantes a se renderem.
- E no quarto de hora final do último dia temos de avaliar juntos nossos progressos, ver o que está dando certo, o que tem de melhorar, se temos de dedicar mais tempo a outras atividades, se temos de estabelecer objetivos...
- O que você acha? – perguntou Nuria.

O que é que eu tinha de achar? Olhei fixamente para o par mais próximo, esperando que se levantasse gritando: "Olhe só, ele acreditou, o bobinho!". Já tinha ouvido falar que os novatos sempre levam trotes, e tudo isso podia ser um deles....

- Bem, então tudo bem. À medida que forem trabalhando, você vai perceber o funcionamento da sala de aula. Se precisarem, me chamem...

Então, Nuria foi para o meio da sala. Os diversos pares continuavam trabalhando, mas agora havia um grande silêncio, pois todos estavam escrevendo.

- Bem, como temos pouco tempo hoje, só vamos ler e verificar a compreensão escrita. Vou começar a ler o texto e você me acompanha...

Júlia começou a ler o texto em voz alta. As duplas ao lado podiam ouvi-la, porém não prestavam atenção ao que fazíamos e continuavam concentrados no que estavam escrevendo.

Entretanto, eu não conseguia me concentrar e não prestava nenhuma atenção à leitura de minha suposta professora. Estava refletindo sobre o que tinha de fazer com relação àquela verdadeira fraude. Porque para mim se tratava disso, de uma enorme brincadeira.

Entre o nervosismo do primeiro dia, a sensação desagradável de minha primeira aula, na qual perdera a explicação do professor, e agora isso... perdi a paciência e, sem dar qualquer explicação, fui embora.

O corredor estava deserto, silêncio por toda parte. Vacilei, pois não sabia o que fazer: esperar, ir para a casa de meus tios? Eu tinha exagerado, mas eles também, pensei.

- Ibraim, que está acontecendo?

Era Nuria. Com uma turma tão numerosa, nunca teria podido imaginar que ela pudesse sair da sala. Ela se aproximou. Estava esperando uma resposta.

- Sinto muito, mas não gosto desse tipo de aula.
- Por quê?
- Não sei... ou talvez a explicação seja muito longa.
- Temos tempo – disse ela, convidando-me a sentar-nos em um degrau da escada.
- Você não tem de voltar para a sala? Não vai haver bagunça se você não está lá? – perguntei.
- Não se preocupe com isso! Eles já aprenderam a trabalhar autonomamente. Diga-me qual é seu problema...
- Nós, alunos, vamos para a escola para aprender com os professores. Vocês conhecem a matéria e sabem explicá-la, mas um aluno não.
- Todas as pessoas aprendem permanentemente umas com as outras. A posição que ocupamos não importa, desde que a interação com os outros nos ajude a modificar, a melhorar nossos conhecimentos. Os professores também aprendem com os alunos nas escolas.

Naquele momento, esta era a última coisa que eu esperava ouvir. Não sabia se ela estava tentando me convencer, ou se aumentava meus motivos para sair de lá correndo.

– Para aprender uma matéria, o importante é que quem a explica saiba mais que você. Só um pouco mais. Você sabe que em todas as coisas sempre se pode aprender muito mais. Às vezes, alguém que sabe muito de algo é incapaz de transmitir seus conhecimentos a outro que sabe menos. Se Einstein viesse agora me explicar a teoria da relatividade, certamente eu não a compreenderia. No entanto, se alguém que soubesse muito menos sobre a questão, mas que fosse capaz de se colocar no meu nível, a explicasse, por que eu não entenderia?

"Isto é verdade. Tive um professor que sabia muito, mas não conseguia explicar nada aos alunos", pensei. E contra-ataquei:

– Pois é isso mesmo: é preciso saber explicar. E um aluno não sabe fazer isso, com todo o meu respeito por Júlia.
– Não apenas saber explicar, mas colocar-se no mesmo nível da pessoa à qual se deseja ensinar. E isso um aluno pode fazer. Na verdade, um colega seu tem mais facilidade do que eu para utilizar um certo tipo de vocabulário e exemplos mais próximos de você; ele consegue prever quais serão as suas dificuldades, porque ainda se lembra das que ele teve de superar, e certamente responderá de forma mais direta do que eu.

Isso era inegável. Por vezes, quando a gente não entende algo, prefere a explicação de um colega à do professor, que pode ser mais confusa.

– Além disso, de vez em quando você conta com a ajuda do professor no restante das aulas. Você pode levantar a mão e ele pode levar minutos até responder, porque você não é o único. Mas isso não vai acontecer com a Júlia. Você terá a ajuda dela durante toda a hora.

Sim, essa história de ter alguém à nossa disposição, mesmo que seja um aluno, me pareceu realmente interessante.

– Quando vocês se conhecerem mais, dentro de duas sessões, você poderá pedir que ela esclareça todas as suas dúvidas. Sem vergonha nem medo. Às vezes, a gente fica com vergonha de perguntar a um professor...

Nuria estava me desconcertando. Parecia saber o que tinha acontecido antes, na aula de Oriol.

– Além disso, como vocês sabem quais vão ser as atividades de cada momento, e como você não vai perder tempo porque Júlia estará ajudando, poderão aproveitar muito esta hora e você aprenderá bastante!
– Bem, eu sim, porque a Júlia vai me ensinar... Mas e ela? Ela recebe por esse trabalho?

Nuria riu. Talvez percebesse que eu já estava mais convencido.

- Os alunos tutores aprendem tanto ou mais que os tutorados. Têm envolvimento, responsabilidade, aumento da auto-estima... e, acima de tudo, têm de dominar muito bem os conteúdos para poder explicá-los. Ensinar é aprender duas vezes.
- E aprender duas vezes não é perder tempo?
- De jeito nenhum! É aprender as coisas com mais profundidade... Olhe, se você tivesse que explicar as coisas que sabe sobre seu país aos seus colegas, não acha que as aprenderia melhor?
- Sim, teria de repassar, ordenar, ampliar esses conhecimentos, sei lá... Mas quem garante que a informação que estou transmitindo é correta? O tutor pode se enganar, ou explicar mal uma coisa, ou inventá-la...
- Bem, aí entro eu. Embora agora esteja aqui no corredor, com você, normalmente estou na sala de aula observando e avaliando as ações dos pares, verificando especialmente o que os tutores estão fazendo.

Eu tinha mais dúvidas. Antes ela tinha dito que os dois membros da dupla faziam a avaliação ao mesmo tempo, mas agora estava dizendo que ela também nos avaliava de acordo com sua observação.

- Ibraim, acho que você não está muito entusiasmado, mas gostaria de propor algo. Júlia deixou de lado a matéria optativa que tinha escolhido para ser sua tutora; fez o curso de formação inicial de tutora e está disposta a ajudar você. Vamos dar-lhe uma oportunidade?

Aceitei. Ainda restavam alguns minutos até a hora acabar. Entramos de novo na sala. Os pares continuavam trabalhando. Na verdade, nem sei se perceberam que Nuria e eu tínhamos saído. Estavam conversando, praticando a expressão oral.

- Sinto muito, Júlia. Fiquei nervoso...
- Não precisa se desculpar. Durante a formação inicial, Nuria me pediu que fizesse uma lista de qualidades de uma boa professora. É esta aqui...

Ela me mostrou um papel com uma série de palavras. Com um sorriso amável, apontou para a segunda palavra da lista, que era "paciência".

A aula tinha acabado e Núria estava entregando as fichas de atividades para a sessão do dia seguinte. Dessa vez, o texto parecia uma receita culinária. Entregavam-no aos tutores para que estes o preparassem. Mas Júlia viu que eu estava muito preocupado e disse:

– Pegue este; se puder, dê uma olhada nele em casa. Assim, amanhã vai ser mais fácil para você.

E foi o que fiz. Com a ajuda de meu primo Geraldo, li o texto em voz alta e ele me comentou o significado de alguns termos referentes a alimentos que eu nunca tinha ouvido.

Dessa maneira, a sessão seguinte foi muito melhor. Como não estava previsto que um tutorado tivesse acesso antecipado à ficha, pude conhecer o trecho do ditado e, depois de aprendê-lo quase de cor, cometi muito poucos erros.

Três sessões mais tarde, na hora de outro ditado, em que cometi um monte de erros, tive de admitir minha pequena trapaça a Júlia. Tenho certeza de que ela já havia percebido, mas me disse:

– Quando estamos aprendendo algo, é normal cometer erros. O importante é aproveitá-los para melhorar.

Aprendi muito com Júlia, minha colega tutora. Depois, ela mesma começou a preparar fichas de atividades destinadas especialmente para mim. Cada tutor preparava as fichas especialmente para seu tutorado. Pouco tempo depois, meu espanhol caseiro já havia melhorado consideravelmente, como muitos professores e muitos de vocês tinham me dito que iria acontecer.

Gostaria, portanto, de dizer-lhes que, com vocês, pude comprovar que os alunos podem aprender uns com os outros. Vocês me ensinaram que a cooperação nos torna mais sociáveis, mais solidários.

Se nas escolas de meu país as pessoas tivessem aprendido a trabalhar em grupo, a compartilhar o esforço, a se ajudar reciprocamente, a discutir, a negociar, a cooperar, talvez eu não tivesse tido que sair de Kosovo.

Espero voltar a ver todos vocês, quando houver liberdade para que possamos visitar nossos respectivos países. Enquanto isso, vocês ficarão guardados no cantinho mais feliz do meu coração.

Ibraim.

FICHA DIDÁTICA

TUTORIA ENTRE IGUAIS

DE KOSOVO, COM AMOR

Alguns comentários sobre a narração

- Ibraim comenta: "Os professores têm os conhecimentos e eles é que sabem fazer com que os aprendamos. Os colegas podem me ajudar, e eu posso ajudá-los, mas na verdade quem ensina, a pessoa de quem a gente realmente aprende, é o professor". Esta é uma opinião muito difundida, que provém de uma tradição em que o/a professor/a é o único depositário do saber. Hoje em dia, a concepção construtivista do ensino e da aprendizagem mostra que o papel mediador entre a atividade mental do/a aluno/a e o novo conteúdo pode ser desempenhado pelo/a adulto/a professor/a, mas também pelos iguais. Na verdade, a tutoria entre iguais baseia-se em duas teorias construtivistas: a criação do conflito sociocognitivo que aparece no diálogo com o igual (teoria genética) e a ajuda que o igual proporciona dentro da "zona de desenvolvimento proximal" (teoria sociocultural).
- Júlia, a aluna tutora de Ibraim, explica que, na matéria de tutoria entre iguais, durante o primeiro quarto de hora, vão trabalhar a leitura. Nuria, a professora, ao programar a atividade, optou por utilizar um método de leitura em duplas: o PPP (*Pause, Prompt & Praise*), utilizado por Whendall e Colmar (1990). Contudo, o importante não é o tipo de atividades praticadas, mas a estruturação das relações entre os alunos ao longo da sessão. Como se conta na narração, cada aluno/a deve saber o que fazer em todos os momentos. Essa estrutura termina transformando-se em rotina, na qual os alunos desenvolvem os respectivos papéis e, depois de automatizada, permite usos mais espontâneos e criativos (por exemplo, a regulação do tempo).
- Nuria diz a Ibraim: "Você vai ver como é possível aproveitar bem a hora e vai aprender muito!". Uma crítica freqüente à aprendizagem cooperativa é a suposta lentidão das aprendizagens, o sentimento de perda de tempo dos/as professores/as. No entanto, a tutoria entre iguais gera, tanto entre alunos como entre professores, uma incrível sensação de aproveitamento da sessão, devido ao alto nível de *tempo de aprendizagem acadêmico* (*Academic Learning Time*) que o sistema permite (Greenwood, Carta e Kamps, 1990). Esse conceito combina um tempo máximo de trabalho (*Engaged time*), um tempo mínimo de gestão (*Time management*), porque cada aluno sabe o que fazer, e uma alta porcentagem de sucesso (*Success rate*) pela atuação corretora permanente do/a tutor/a, que evita realizar esforços inúteis devido a um erro que não foi detectado no momento adequado.

TUTORIA ENTRE IGUAIS

Nome

Tutoria entre iguais (tutoria em duplas, tutoria entre alunos). Em inglês, *peer tutoring*.

Métodos afins

Ensino recíproco.

Composição da equipe

Embora as aplicações sejam muito variadas, e ainda que possa acontecer que um/a aluno/a aprenda ensinando um grupo de alunos, em geral nos referimos a *trabalho em duplas*, em que um/a aluno/a assume o papel de tutor/a e o/a outro/a o de tutorado/a. Trata-se de aproveitar a heterogeneidade que, na modalidade escolhida, concretiza-se nas diferenças no nível de competência em uma determinada matéria (ou mais de uma). As duplas podem ser compostas por membros de diferentes cursos (*cross-age tutoring*) ou do mesmo curso (*same-age tutoring*). Neste último caso, os papéis podem ser utilizados de forma recíproca quando as diferenças entre tutor/a e tutorado/a não forem muito acentuadas.

Descrição

A técnica consiste em formar duplas de alunos com relações assimétricas (um/a é tutor/a e o/a outro/a é tutorado/a) e com um *objetivo comum, conhecido e compartilhado* (o ensino e a aprendizagem de determinados conteúdos a partir de uma interação estruturada). A tutoria entre iguais é considerada uma variável da aprendizagem cooperativa, porque entre ambos os membros da dupla cria-se uma relação de interdependência positiva. Comporta vantagens tanto para o/a tutor/a (domínio dos conhecimentos, que são aprofundados devido à tarefa de ensinar, e aumento da auto-estima e da responsabilidade pessoal) como para o/a tutorado/a (melhora na aprendizagem por contar com uma ajuda ajustada de forma permanente e acessível).

FICHA TÉCNICA DO MÉTODO COOPERATIVO

TUTORIA ENTRE IGUAIS

Fases de aplicação

1. *Seleção e formação das duplas*: se decidirmos trabalhar com alunos de diferentes séries, deveremos fazer com que o horário coincida ou indicar os requisitos na hora de escolher a orientação do/a tutor/a de série. Se optarmos por alunos de uma mesma série para uma matéria optativa ou para sessões periódicas dentro das matérias obrigatórias, pode ser útil ordenar os alunos conforme seu nível de competência, dividir a lista pela metade e formar as duplas de maneira que a "distância" seja proporcional.
2. *Estabelecimento prévio dos papéis*: quando se opta por uma relação altamente estruturada entre tutor/a e tutorado/a, a fim de propiciar a adaptação de cada membro a seu papel, deve haver um treinamento antes do início das sessões. Essa formação inicial de tutor/a e tutorado/a, fundamental para o sucesso posterior da aplicação do método, deve conter: conceito de tutoria entre iguais, benefícios para os tutores e tutorados, estrutura da sessão, demonstração e experimentação das diferentes tarefas derivadas dos respectivos papéis em cada bloco de atividades e familiarização com os diferentes instrumentos a serem utilizados.
3. *Tempo de sedimentação do funcionamento:* a interação entre os membros da dupla de alunos a partir do desenvolvimento do respectivo papel comporta uma fase inicial de aprendizagem e de sedimentação, na qual é muito útil oferecer *feedback* aos tutores.
4. *Monitoramento*: a tutoria entre iguais modifica o papel do/a professor/a. Tem-se a disposição de realizar aquilo que a gestão tradicional da aula impede: atender individualmente aos alunos ou pares que precisarem de ajuda. É preciso observar e acompanhar as duplas, especialmente no tocante à atuação dos tutores.
5. *Avaliação*: além da auto-avaliação e da co-avaliação das duplas, haverá informação procedente da observação contínua, que pode ser complementada por provas ou dossiês finais.

Indicações

A tutoria entre iguais, muito difundida no mundo anglo-saxônico, é aplicada em várias áreas curriculares e em quase todas as faixas etárias e níveis educacionais. É particularmente indicada para alunos com necessidades educativas especiais, não só no papel de tutorado/a, mas também no de tutor/a. Nos Esta-

TUTORIA ENTRE IGUAIS

dos Unidos, há um grande número de experiências em que alunos com problemas sociofamiliares e dificuldades para se ajustar aos hábitos escolares aprendem e aumentam sua auto-estima ensinando alunos mais jovens.

Orientações

O principal problema é considerar que, quando formamos as duplas, os alunos já saberão o que devem fazer por conta própria. Para que a tutoria entre iguais seja bem-sucedida, é preciso estruturar minuciosamente as relações entre tutor/a e tutorado/a e realizar sua formação inicial; esta deve ser suficientemente ampla para que as duplas tenham tempo de aprender a realizar as atuações derivadas do papel atribuído a elas; por outro lado, os/as professores/as devem oferecer *feedback* tanto ao/à tutor/a como ao/à tutorado/a sobre seus respectivos progressos.

REFERÊNCIAS BIBLIOGRÁFICAS

BAUDRIT, A. (2000): *El tutor: procesos de tutela entre alumnos.* Barcelona: Paidós.

DURAN, D. (2000): «Tutoría entre iguales. Un recurso para atender a la diversidad», *Cuadernos de Pedagogía,* nº 288, p. 36-39.

DURAN, D; y MESTRES, P. (1998): «Enseñar y aprender, una materia optativa de tutoría entre iguales», *Aula de innovación educativa,* nº 75, p. 63-68.

FERNÁNDEZ, P; y MELERO, M.A. (comp.) (1995): *La interacción social en contextos educativos.* Madrid: Siglo XXI.

MARÍN, M. (1998): «Tutorías entre alumnos», *Uno, Revista de Didáctica de las Matemáticas,* nº 17, p. 115-120.

MONEREO, C. (coord.) (1998): *Instantànies. Projectes per atendre la diversitat educativa.* Barcelona: Edicions 62.

TOPPING, K. (1996): *Effective Peer Tutoring in Further and Higher Education.* Birmingham: SEDA Paper.

TUTORIA ENTRE IGUAIS

Algumas reflexões

- Se você decidisse aplicar essa técnica em seu grupo de alunos, encontraria diferenças suficientes na sala de aula para formar os pares?
- Você poderia imaginar uma estrutura de atividades de interação entre tutor/a e tutorado/a como a apresentada no texto?
- Em sua opinião, alguns alunos ou pais de alunos que participam de um modelo de aprendizagem tradicional poderiam não apreciar a tutoria entre iguais? Como você superaria essa dificuldade?

Sugestões de trabalho com os alunos

Após a leitura da narrativa, pode-se pedir que os/as alunos/as reflitam individualmente e depois debatam em pequenos grupos as seguintes questões:

- "Os professores não mostram muito seus sentimentos", garante Ibrahim. Você compartilha essa opinião? Considera que as emoções devem ser mais demonstradas em sala de aula?
- Nuria, a professora, tenta convencer Ibrahim de que às vezes pode-se aprender mais com um colega do que com um professor. Verifique quais as razões que ela apresenta para reforçar esse argumento e responda se concorda com isso ou não.
- Júlia, a aluna tutora de Ibrahim, elaborou uma lista das qualidades de um/a bom/boa professor/a. Uma delas é a paciência. Quais poderiam ser as outras?
- Ibrahim, no final do texto, comenta que, se nas escolas de seu país se ensinasse algo bem concreto, talvez lá não tivesse ocorrido a guerra que o obrigou a ir embora. A que se refere? Você está de acordo com ele?

2

Oui, C'est Moi

Ensino Recíproco

– Vamos ver se entendi bem. Tenho de ler o texto em voz alta e, cada vez que acabar uma página, resumir o que li. Depois, o Adolfo vai fazer algumas perguntas sobre o que acabamos de ler. Então, a Pilar vai ter de responder essas perguntas e, depois disso e antes de eu ler a página seguinte, a Maitê vai tentar adivinhar qual é o conteúdo dela.
– Isso mesmo, Daniel! Pelo menos isso foi o que eu entendi – intervém Pilar. – Na leitura desse primeiro texto, cada um de nós fará o que você disse. Mas no próximo dia, no segundo texto, vamos trocar as nossas funções e o colega da esquerda vai fazer o que nós faremos hoje.
– Que confusão! – exclama Adolfo. – Não seria mais fácil cada um ler o texto e depois comentarmos, como já fizemos outras vezes?
– Aparentemente – responde Daniel – nesta atividade cada um de nós vai ter de praticar uma das funções mentais que um bom leitor realiza simultaneamente e de maneira coordenada. Assim será mais fácil aprender.
– Mas será que o professor acha que não sabemos ler? – acrescenta Maitê e, antes que alguém possa responder, levanta a mão: – *Profe*! Pode vir aqui um momentinho?
– Claro! O que vocês querem? Compreenderam o que têm de fazer?
– Bem, mais ou menos. Não entendemos por que temos de ler um texto entre todos. Faz tempo que sei ler sozinha...
– Não estou pretendendo que aprendam a ler! Já sei que vocês sabem. E alguns de vocês, entre eles você, Maitê, são excelentes leitores. O que acontece é que vocês têm de melhorar algumas técnicas, como a de sintetizar as idéias principais do texto, saber formular boas perguntas que extrapolem os dados do texto, ser capazes de respondê-las por meio dos conhecimentos de outras disciplinas e da experiência de cada um e aprender a prever como o texto vai continuar antes de lê-lo. A antecipação é uma das qualidades mais importantes que um bom leitor deve dominar, o.k.?

Maitê assente com a cabeça, mas não parece muito convencida. Daniel aproveita para perguntar:

- Sim, mas como ficaremos sabendo que estamos resumindo corretamente e fazendo as perguntas, as respostas e as previsões corretas?
- É claro que terão de se ajudar reciprocamente e, se alguém fizer uma pergunta muito simples, como "Qual é o nome do protagonista da história?", todos devem estimulá-lo a formular perguntas melhores; ou, se quem tem de responder a pergunta não souber a resposta, terão de dar algumas pistas e explicar em que deve prestar atenção da próxima vez para averiguar o que é mais importante no texto...
- Mas você vai nos ajudar? – interrompe Pilar.
- Claro que sim! Passarei pelos diversos grupos, resolvendo dúvidas e ajudando a melhorar cada um em sua respectiva função. Entenderam?

A sensação de insegurança própria de quando se experimenta uma nova forma de trabalho parece atenuar-se quando Daniel toma a palavra logo que o professor afasta-se:

- Bem, vamos começar pela primeira página – todos a pegam. – A autora chama-se Montserrat Cervera e trata-se de um trecho adaptado de seu livro *Prevenção e tratamento da anorexia e da bulimia*, publicado pela editora Martínez Roca. Vamos lá!

Uma história

Um dia você começou a pensar, com ou sem razão, que tinha de perder alguns quilinhos. O verão estava aproximando-se, ou uma festa importante para você. Por isso, decidiu controlar a alimentação.

Você tinha ouvido dizer que todos os doces "engordam". Por isso, suprimiu o açúcar e os bolos, os sorvetes... Dizia que não gostava disso, o que não era verdade. O motivo de suprimi-los era outro.

Foi relativamente fácil perder dois ou três quilos, e então você continuou reduzindo a comida.

A seguir, você suprimiu outros alimentos. Massas, batatas fritas, pão... Começou a pedir carne e peixe grelhados, já não suportava frituras.

Você não sabe como, mas de repente percebeu que seu repertório de alimentos tinha ficado muito limitado, você não comia as mesmas coisas que antes.

E você também reduziu as quantidades. Sua família dizia que você comia muito pouco, mas você negava isso. Enquanto os pratos eram servidos, você observava qual tinha a menor quantidade. Sempre pedia o menor pedaço de carne ou escolhia a menor laranja. Quando o prato estava a sua frente, você deixava nele uma parte do alimento.

– Que incrível! – exclamou Pilar, sem poder deixar de olhar de esguelha para Maitê, sua melhor amiga.
– O que é tão incrível assim? – reage Maitê, com um olhar penetrante.
– Não, nada, nada...
– Bem, posso continuar? – pergunta Daniel, antes de reiniciar a leitura em voz alta.

Você começou a se interessar por dietas; era atraído por matérias sobre elas publicadas em revistas. Gostava de saber quantas calorias tinha cada produto e começou a ingerir o mínimo de calorias possível. Quando ia ao supermercado, sempre escolhia o produto com menor conteúdo calórico. E isso continuou assim.

Além disso, agora você se pesa periodicamente. Observa-se no espelho e verifica se as coxas diminuíram, ou se as pernas estão suficientemente finas. Olha com atenção as imagens de seus ídolos e compara sua silhueta com a de modelos. Sem perceber, a perda de peso e a modelagem de determinadas partes do corpo vão transformando-se no mais importante de sua vida.

Você quer reduzir peso e tamanho e fica obcecado por isso. Como você sabe que o exercício físico ajuda, passa a se dedicar a ele cada vez mais.

Enquanto Daniel lê o texto em voz alta, Pilar não pode deixar de ruminar a mesma idéia: "Incrível! Este texto fala de anorexia... Que coincidência! Vamos ver se a Maitê percebe seu problema e reage de uma vez por todas...".

Com todas essas mudanças, você realmente emagrece. Gosta que as pessoas percebam isso, é a confirmação de que seus esforços não são inúteis. E, apesar de ter realizado seu primeiro objetivo, não se sente melhor. Você tem medo de recuperar os quilos perdidos e, para evitar isso, continua reduzindo a alimentação.

Seu caráter está mudando. Você está mais triste, mais irritável, mais mal-humorado; não se entusiasma mais por nada como antes. Só se dedica ao estudo, mas também de forma obsessiva.

Sua família está muito preocupada. Em casa, as relações pioraram. Quando perceberam que você tinha emagrecido muito, tentaram fazê-lo comer como antes. Conversaram, pediram e discutiram. Às vezes, as horas das refeições são um verdadeiro inferno. Você as receia e freqüentemente foge delas, evitando fazer as refeições com a família.

Outro método que você talvez já tenha usado para reduzir o conteúdo calórico dos alimentos é provocar o vômito, ou tomar muitos laxantes ou diuréticos. Na primeira vez que vomitou foi difícil, mas agora tudo ficou mais fácil. Dessa maneira, além de acreditar que perdeu peso, você finge que não tem problemas.

Apesar disso, existem alguns indícios de que as coisas não estão bem e sua família propõe uma consulta médica. Você se opõe, afirmando que não está acontecendo nada. Mas não é verdade. O cabelo está caindo, você está com olheiras, sente muito frio, suas mãos estão sempre geladas. Embora deseje continuar fazendo exercício, está cansado e seu desempenho esportivo não é o mesmo. Se for mulher, é provável que sua menstruação desapareça.

Com o aumento da desnutrição, tudo piora: o comportamento, o estado físico e emocional. Você não se ama e acha que os outros também não se importam. Não sabe como deter esse processo e sente que caiu numa armadilha.

- Pronto!
- Pronto? Mas agora você tem de resumir o texto!
- Sim, claro. Ele fala das garotas anoréxicas: para ficarem parecidas com as modelos, param de comer, exageram nos exercícios físicos e até vomitam o que comem para perder peso e dar a impressão de que estão comendo, evitando, assim, a pressão dos demais. Mas no fim acabam se deprimindo e a maioria acaba morrendo.

Pilar, que não se sente muito satisfeita com a síntese de Daniel, intervém com um tom conciliador para evitar um corpo a corpo com Maitê.

- Acho que se trata de uma obsessão: pessoas obcecadas por ter um belo corpo, por agradar a todo mundo, e sem perceber perdem o equilíbrio, a referência do peso que é ou não aceitável...

Nunca saberemos se Pilar terminou de dizer o que queria, pois Maitê a interrompeu:

- Sabem o que eu acho? Que o Daniel inventou o resumo. Em nenhum lugar o texto diz que se trata de meninas! E de onde ele tirou que a maioria delas morre?
- Bem, é verdade que isso não está no texto, mas a vizinha de minha tia tinha uma filha de 17 anos que morreu assim.

Estas palavras incomodam Maitê ainda mais e ela aumenta seu nível de agressividade:

- Mas como você sabe que foi por isso? Na África, as pessoas morrem de fome, mas duvido que isso aconteça por aqui!

Pilar não quer deixar escapar a oportunidade e interrompe valentemente:

- Talvez morram apenas nos casos extremos, mas muitos anoréxicos têm de ser internados e alimentados à força, através de tubos... É terrível!
- Bem, se a Pilar acabou seus comentários, podemos continuar com o trabalho. Adolfo agora é quem faz as perguntas...

– Sim, é a minha vez... Bem, tenho duas perguntas: que pessoas estão mais predispostas a ficar anoréxicas? E a outra é: o que são diuréticos?
– É minha vez de responder, certo? – pergunta Pilar, como se pedisse licença para falar, depois do banho de água fria que levou há pouco.
– Claro! – respondem Adolfo e Daniel.
– As pessoas mais predispostas são as perfeccionistas, que querem ser as melhores em tudo: ser simpáticas, ter um corpo perfeito, ser boas alunas... Além disso, são pessoas obcecadas e teimosas que nunca escutam o que lhes dizem.
– Aqui não falam nada de teimosos! – intervém Maitê. – Supõe-se que temos de nos basear no texto e não inventarmos a primeira coisa que passar pela nossa cabeça.
– Pode-se deduzir que são pessoas teimosas – esclarece Daniel –, porque todo mundo avisa que estão comendo pouco e estão magras demais, mas elas não dão a mínima.
– Bem, talvez essa pessoa não se ache tão magra... E quem melhor que ela para saber isso? – diz Maitê.

Adolfo e Daniel observam-se, atônitos. Pilar capta a surpresa de seus rostos e não pode deixar de manifestar o que considera que está na mente de todo o grupo:

– Nossa! Isso sim é que é inventar! Todo mundo pensa a mesma coisa e, segundo você, todos estão errados!
– Olhe, querida, o que acontece é que você, e muitos como você, acham que seu ponto de vista é o único válido e...
– Escutem, vocês duas não são amigas? – interrompe Daniel para apaziguar os ânimos. Olhe, Maitê, acho que Pilar e Adolfo têm razão... Já sabemos que a moda mudou. Na época de Rubens, as mulheres gordas eram muito apreciadas, agora se prefere um corpo mais esbelto, mas também não é preciso exagerar... Hoje em dia, e na nossa cultura, pessoas como as crianças da Etiópia que aparecem na televisão dão pena. E algumas modelos e atrizes também. E 99,9% das pessoas estão de acordo com isso; portanto, este é o cânone atual de beleza.
– Adolfo, você fala muito bem quando quer... – brinca Pilar, sem esconder a satisfação com o que acabou de ouvir.
– Ah, *toujours l'amour*... – replica Maitê ironicamente.
– Escute, Maitê – continua Pilar, sem levar em conta o que disse a amiga. – Aqui não se aplica o que você disse antes, ou seja, ser mais ou menos magro é uma questão de gosto. Estamos falando de pessoas doentes, que têm uma imagem distorcida de seu corpo e que, em determinado momento, não podem mais se virar sozinhas e precisam de ajuda psicológica e médica.

- Credo! Acho que vocês esqueceram que isso é só uma atividade escolar! Continuamos ou não?

Este comentário de Maitê faz Pilar perder o controle e pensar: "Claro, agora você vai dizer que nós é que estamos obcecados!". No entanto, prefere morder a língua e fazer de conta que não está acontecendo nada:

- Tudo bem, vamos continuar! Ainda tínhamos de responder a pergunta sobre os diuréticos: são medicamentos ou produtos que ajudam a fazer "pipi".
- Nossa, Pilar, você sabe muito! – exclama Daniel.
- Claro, essas questões de saúde me entusiasmam, e minha mãe é médica... Agora você, Maitê, vai ter de dizer qual é o conteúdo da página seguinte, não é?
- Diria que já salientamos todos os pontos que gostaríamos que o texto esclarecesse; primeiro, que ele diga se existem apenas anoréxicas, ou se também ocorrem casos dessa doença entre os rapazes; depois, gostaria de saber se alguém pode morrer de anorexia; e, finalmente, se é possível ser magro sem sofrer de nenhuma doença... É claro que só desenvolvem essa doença pessoas que não são capazes de controlar a situação.

"Que loucura!" – pensa Pilar. "Ela está convencida de que controla a situação, coitada! Mas já está esquelética! Deus, como poderíamos fazê-la entender... Não posso deixar escapar esta oportunidade!".

- Bem, agora vamos checar essas previsões. Vou continuar lendo – anuncia Daniel.

Tipos de anorexia

Na primeira parte da história, descrevemos um tipo de anorexia, talvez o mais conhecido, o denominado *anorexia restritiva*.

No entanto, o transtorno também apresenta outra forma. Algumas pessoas decidem controlar o que comem, mas não conseguem fazer um controle rigoroso e, então, alternam dias de restrição alimentar com episódios de voracidade. Depois tentam compensar isso vomitando ou abusando de laxantes e diuréticos. Essa forma de transtorno é denominada *anorexia bulímica*.

Os dois grupos compartilham a maior partes dos objetivos: emagrecer, perder peso, ter um determinado corpo. O que os diferencia é a maneira de conseguir isso e as conseqüências que derivam desse fato. Quando os comparamos, os anoréxicos restritivos mostram maior isolamento social, apresentam mais sintomas de ansiedade e mais dificuldades nas relações sexuais. Os bulímicos têm mais problemas relacionados ao controle de seus impulsos, como abuso de álcool ou de drogas, roubos, promiscuidade sexual, e apresentam comportamentos que os prejudicam, chegando até a tentativas de suicídio.

Freqüência da anorexia

Há dez anos, dizia-se que, no mundo ocidental, de cada dez mil garotas, cerca de três sofriam de anorexia nervosa. Nesse mesmo contexto, agora se calcula que uma em cada cem garotas sofre desse transtorno. Ou seja, seu número multiplicou-se por trinta.

Entre os meninos também ocorreu um aumento similar, levando-se em conta que a proporção é de um garoto por cada mil.

Embora esses dados não sejam estritamente confiáveis, pois não existem estudos suficientemente rigorosos, parece que se aproximam bastante da realidade.

A anorexia costuma aparecer entre os 14 e 25 anos, mas ultimamente essa faixa etária está ampliando-se.

A anorexia pode ser grave?

A amorexia pode ser muito grave. Estudos realizados em diferentes países indicam que de 5 a 10% dos anoréxicos morrem.

A morte de uma pessoa sempre é uma tragédia, e a de um anoréxico não é uma morte romântica nem gloriosa. Em alguns casos, pode ocorrer uma parada cardíaca repentina, provocada pela desnutrição. Em outros, a morte vai sendo preparada durante meses ou mesmo anos; durante esse tempo, as capacidades dos anoréxicos limitam-se, eles perdem qualidade de vida e envelhecem prematuramente. Outros, deprimidos por aquilo que interpretam como um beco sem saída, suicidam-se.

Em cerca de um terço dos casos, a doença torna-se crônica, isto é, não há perda de peso suficiente para provocar a morte, mas o anoréxico não se cura. Cerca de outra terça parte dos afetados consegue superar a doença em vários aspectos. Aumentam de peso, passam a alimentar-se melhor, eliminam os comportamentos anômalos com relação à comida, mas mantêm algumas idéias, atitudes e condutas anoréxicas. Podem viver uma vida bastante normal, porém essas idéias, essas "manias" prejudicam-lhes bastante, pois insinuam-se em suas vidas e fazem sentir-se estranhos, diferentes dos outros.

E, finalmente, temos o grupo daqueles que se recuperam totalmente.

Após ler o texto, e antes que alguém dissesse algo, Daniel começa a resumi-lo, como se tivesse feito isso a vida inteira:

– Esta parte do texto está dividida em três blocos. No primeiro, apresenta-se uma classificação dos diferentes tipos de anorexia, a restritiva e a

bulimia. Este último tipo é o mais grave, porque está associado ao consumo de drogas, à promiscuidade sexual e os afetados prejudicam-se mais. O segundo bloco fala da freqüência da doença e diz que a porcentagem das meninas anoréxicas é muito maior que a dos meninos: uma em cada cem, diante de um em cada mil...
- Mas a autora reconhece que os dados não são confiáveis – frisa Maitê.
- Claro que não! – acrescenta Pilar automaticamente. – Deve haver um número muito maior de pessoas afetadas, que não o reconhecem abertamente. Ou seja, deve haver um número muito maior de casos de anorexia!
- Esperem, deixem-me acabar de resumir... O texto também se refere à gravidade da doença e diz que de 5 a 10% dos afetados morrem; cerca de 33% podem levar uma vida normal, mas sempre obcecados pela questão da alimentação, e o resto se cura.

Maitê é observada por todos os membros do grupo, que esperam que ela critique algo do que ouviu, mas isso não acontece:

- Estou de acordo com o resumo do Daniel. Só gostaria de acrescentar que a faixa etária dos doentes está ampliando-se, tanto para cima como para baixo. Isso quer dizer que nossos irmãos pequenos ou nossas próprias mães podem sofrer da doença. Acho que esse fato deve ser destacado, porque mostra como é importante a influência da sociedade, da publicidade, da educação...
- Ufa... – respira Daniel, aliviado. – Parece que agora fiz tudo direitinho! Passamos às perguntas, Adolfo?
- Bem, a primeira poderia ser: "O que significa promiscuidade sexual?".
- Você não sabe? – replicou surpreendida Pilar, que era a encarregada de responder. – Pois bem, uma pessoa promíscua é alguém que mantém relações sexuais com muita gente de uma maneira... digamos, freqüente.
- Ah, ah, ah! É claro que eu sabia, só queria ver como você explicava...
- Olhe aqui, Adolfo – responde Pilar, com um tom solene –, acho que não se deve brincar com esse assunto. Você sabe que muitas pessoas que sofrem dessa doença morrem e até mesmo pode acontecer que alguém ao seu lado seja uma vítima dela sem você saber...
- Ao meu lado? É claro que não está falando de você mesma, porque você está bem gordinha... Já a Maitê... Na verdade, Maitê, você parece um arame, agora é que estou percebendo...

Adolfo cala-se repentinamente. Seus colegas o detém com o olhar e com um pontapé por baixo da mesa. Durante alguns instantes, há um silêncio denso e tenso. Maitê começa a apertar os lábios para evitar o choro. Mas então Pilar exclama de forma contundente:

– Fique calado para não dizer besteira! Seria melhor que você fizesse perguntas interessantes, como o professor recomendou... Eu tenho uma bem difícil: por que essa doença afeta mais meninas que meninos?
– Não é difícil! – responde Daniel, ansioso para acabar com a tensão provocada por Adolfo. – As mulheres sofrem mais pressão que os homens por seu aspecto físico.
– Perguntei isso porque no domingo passado, no suplemento do jornal, li uma entrevista com uma atriz na qual se explicava que, mesmo hoje em dia, a sociedade considera que as mulheres têm de ser bonitas e *sexys*, enquanto os homens apenas têm de ser interessantes... Não acontece nada quando eles são barrigudos; isso pode ser visto nos filmes, onde raramente aparecem atrizes que não sejam jovens e esbeltas, enquanto muitos atores continuam interpretando papéis de galãs com 60 anos e diversos quilos acima do peso.
– Além disso – continua Daniel –, grande parte da culpa de haver mais mulheres com essa doença deve-se a alguns estilistas que contratam modelos anoréxicas para desfilarem suas roupas. Eu prenderia esses estilistas...
– Credo! – interrompe Pilar. – É difícil proibir algo que tem a ver com o corpo de cada um. Tem gente que faz plástica, como Michael Jackson, e muda completamente... E, ainda que não se esteja de acordo com isso, é impossível evitá-lo. Acho que, acima de tudo, é uma questão de educação e tem a ver com determinados valores estéticos e morais.

Adolfo parece observar o *tête à tête*, mas não se sente à vontade depois do problema que quase provocou. Toma a palavra, com a intenção de se reintegrar ao grupo:

– Talvez também tenha a ver com valores relacionados a comer e beber. Não sei, só digo isso porque muita gente não sabe se alimentar corretamente e, por isso, temos tantos casos de obesidade ou alcoolismo.
– Sim, mas a anorexia é diferente – frisa Daniel, apreciando muito a intervenção de Adolfo. – Parece que ela tem mais a ver com o desejo de ser admitido na sociedade, porque esta quer e admira quem é jovem, rico e, acima de tudo, magro. É só prestar atenção na publicidade...
– Sim, mas também é importante algo que o Adolfo disse: entre outras coisas, uma boa educação na alimentação significa aprender a desfrutar dos alimentos, saber experimentar um bom prato e distinguir o que é bom do que é um horror...

Os três percebem a atitude ausente de Maitê a partir do momento do incidente anterior. Novamente, Pilar toma coragem e joga uma indireta:

- Não sei qual é a sua opinião, Maitê, sobre tudo isso...
- Pois olhem: não estou de acordo com nada do que estão dizendo. Por um lado, sei que esse tipo de pessoas são muito estudiosas e tiram boas notas. Ou seja, são educadas. As mulheres com menos estudo é que andam pela rua com um monte de banha, como aqueles bonecos da Michelin... Por outro lado, os alimentos que ajudam a emagrecer são os mais saudáveis: verduras e carnes grelhadas. No entanto, infelizmente, neste país as pessoas comem todo tipo de porcaria que só produz gordura e colesterol no sangue.
- Mas, Maitê – acrescenta Daniel, tentando evitar uma nova briga –, o texto diz que os anoréxicos, entre outras coisas, podem ficar obcecados pelos estudos, tentando ser os melhores... Porém, com o tempo, dão a impressão de que não podem nem levantar um livro. Quanto à dieta, eles não comem da maneira correta, mas tentam perder peso a todo custo e se transformam em esqueletos que andam... Você acha que isso é ser saudável?
- Muito bem, Daniel, estou de acordo! Mas não se acostume, certo?
- Nossa, estou preocupado: Pilar está de acordo comigo!

No entanto, a brincadeira só dura até o momento em que Maitê recomeça a falar:

- Sim, parece que hoje todos estão de acordo com todos! De qualquer forma, só vocês devem achar as *top models* magras demais, porque eu só vejo homens babando quando elas desfilam...
- Bem, mas só estamos falando de algumas modelos! – esclarece Daniel. – Nós, homens, gostamos de mulheres com curvas, peitos, enfim, femininas. Porque, caso contrário, onde está a diferença?
- Não confundamos diferenças quanto aos direitos e à igualdade de oportunidades com diferenças físicas e sexuais...
- Atenção! – ouve-se a voz do professor. – Vocês têm só mais quinze minutos e seria bom que acabassem o texto...
- Tenho a impressão de que estamos exagerando e que assim não acabaremos nem amanhã! – resmungou Maitê.
- Posso continuar?

Transtornos emocionais

O caráter do anoréxico muda radicalmente, o que é comprovado pela sua família, por seus amigos e por todos os que o rodeiam. Ele fica mais suscetível, irritável e mal-humorado. As pessoas não sabem como lidar com ele.

Fica mais triste e desiludido. Perde o interesse por tudo. Não se entusiasma pelas coisas como antes. Sente vontade de chorar e pode ficar muito deprimido, com desejos de morrer e idéias suicidas. Em grande parte, essa depressão deve-se à desnutrição.

Contudo, não se trata apenas de uma ansiedade difusa, generalizada; o anoréxico também sente um medo intenso, quase uma fobia. Sempre sente medo das mesmas coisas: da comida, da silhueta, do aumento de peso. Essas fobias podem incapacitá-lo totalmente, impedindo que leve uma vida normal.

Com relativa freqüência, na pessoa anoréxica aparecem idéias, rituais, obsessões e compulsões que ela não consegue dominar, que a perturbam porque estão sempre presentes, embora perceba que não são lógicas. Muitas vezes, esses rituais estão relacionados aos alimentos, como contar calorias ou se pesar constantemente.

Transtornos cognitivos

No início da doença, suas vítimas têm pensamentos negativos com relação ao corpo. Consideram que seu corpo não tem as dimensões corretas, ficam muito preocupadas com a possibilidade de engordar ou de acumular gordura em determinadas regiões. No entanto, à medida que emagrecem, esses pensamentos intensificam-se e tornam-se mais freqüentes. Em um determinado momento, emagrecer torna-se o elemento mais importante da vida. Ao contrário do que seria lógico, pois emagreceram o que pretendiam, essas pessoas permanecem obcecadas com tal idéia.

Enquanto o resto das pessoas dizem-lhe que estão magras demais, elas acham que ainda não é suficiente. Não são objetivas quando se olham; superestimam seu peso e suas medidas, especialmente as de certas partes do corpo. Distorcem sua imagem corporal.

– Bem, esta última página explica os transtornos psicológicos de que padecem os anoréxicos. Sempre estão tristes, mal-humorados, ansiosos e deprimidos. Apesar de emagrecer, continuam não gostando de seu corpo e praticam *rituais*, como diz o texto, que não têm sentido: contar calorias, ordenar as coisas, limpar, pesar-se continuamente...
– Suponho que fazem tudo isso – acrescentou Adolfo – para reduzir sua obsessão. O mais terrível é que não percebem e não pedem ajuda a ninguém...
– Minha mãe teria de ler este texto! – exclamou Maitê de repente. – Quando eu era pequena, ela repetia: "Não coma tanto chocolate, pois vai ficar gorda como um porquinho e ninguém vai querer se casar com você!". E, agora que estou bem, ela passa o dia inteiro dizendo que estou magra demais e que teria de engordar. Os adultos realmente têm uma visão distorcida das coisas!

Durante toda a aula, Pilar havia se esforçado para se conter, mas agora não consegue mais e pergunta:

- Mas como é que justamente você pode dizer isto, pesando 45 quilos e tendo perdido mais de 8 em apenas um mês?

Maitê enrubesceu. Estava prestes a estrangular Pilar, quando a voz do professor as interrompeu:

- Bem, chega por hoje! Lembrem-se de que na próxima aula vamos continuar trabalhando com este sistema e nos mesmos grupos, mas com um novo texto e mudando as funções realizadas individualmente, para que a pessoa que está sentada do lado esquerdo de quem realizou a tarefa hoje seja a próxima a realizá-la. Ou seja, cada um realizará a tarefa da pessoa que está ao seu lado direito.

Enquanto pega suas coisas, Pilar não consegue parar de pensar que foi injusta: "Acho que exagerei. Uma amiga me confiou um segredo e eu o passei para frente. Além disso, diante desses dois colegas. Maitê nunca vai me perdoar. Mas eu não agüentava mais... Como ela pode ter mudado tanto? Ela nunca diria coisas tão ilógicas e absurdas como as que defendeu hoje. Eu só pretendia lhe mostrar que precisa da ajuda de um profissional... De qualquer maneira, eu não poderia ter feito nada pior... Quando chegar em casa, vou ligar para ela e pedir desculpas".

No entanto, isso não é preciso. Pilar encontra Maitê a sua espera na porta de sua casa, com cara de poucos amigos. Antes que ela possa dizer-lhe alguma coisa, com toda a cordialidade possível. Pilar a convida para entrar em casa. Porém, antes de fechar a porta, Maitê começa a gritar:

- Olhe aqui, Pilar, eu achei que éramos amigas, as melhores amigas do mundo, por isso você me decepcionou muito hoje na aula... Como pôde dizer que eu estava pesando 45 quilos na frente do Adolfo e do Daniel? Estava querendo me humilhar?
- Para falar a verdade, foi sem querer, porque fiquei muito irritada com você... Como pode negar algo que é evidente? A história do texto é a sua. Você está retratada de maneira precisa nele.
- Que bobagem! Eu como superbem... Você viu como eu jantei ontem. Comi uma salada, um bom bife grelhado, que devia pesar uns 300 gramas, e uma maçã!
- Veja como você lembra exatamente o que jantou! Você está obcecada com a comida, não percebe?
- Não mude de assunto! A questão é que comi tudo isso, sim ou não?
- Depois do jantar, fui ao banheiro do bar lavar as mãos e ouvi você tentando vomitar o que tinha engolido.
- Tudo bem, então, é isso o que você quer? Então, eu vou dizer: o que acontece é que você está gorda e não suporta que eu esteja melhor!

– Olhe, diga o que quiser, mas, gorda ou não, sou sua melhor amiga e nos conhecemos muito bem. Você não me engana.

Maitê esperava que Pilar se enfurecesse, porém não imaginava aquela reação condescendente, que a irritou mais ainda:

– Você se acha superior, certo? Acha que não vou poder superar este problema, não é?
– Nossa, por fim você admitiu que tem um problema! Você se lembra da propaganda daquele perfume em que um cara começa a chamar uma moça: "Lulu, Lulu!". E ela lhe responde, tímida, esbelta, encantadora: "*Oui, c'est moi...*". Quantas vezes dissemos que ela tinha um par de pernas que pareciam arames, que era parecida com a Olívia do Popeye, que nenhum homem gostaria dela... Que ela tinha de passar três vezes pelo mesmo lugar para ser vista – e isto você é quem dizia! Você se lembra?
– Claro que sim! Ríamos muito com essa propaganda...
– Pois, então, veja que incrível: você virou um xerox ampliado dessa moça esquelética e faminta!

Pilar fecha a porta de casa e puxa Maitê pela mão para levá-la ao seu quarto. Na parede, ela tem o pôster de uma modelo em tamanho natural. Antes que Maitê possa reagir, Pilar a empurra e a coloca ao lado da figura de papel, pondo sua perna direita junto à da modelo:

– Veja você mesma! Ela tem a perna mais grossa que a sua! Mais bunda que você! Mais tudo que você!

Inutilmente, Maitê tenta escapar. Sempre tinha sido mais forte que Pilar. Mas agora não é capaz de empurrá-la nem um centímetro... A tensão muscular transforma-se em tremor e, de repente, ela cai em prantos abraçada à amiga, dizendo com um fio de voz:

– *Oui*, a anoréxica *c'est moi*... Amanhã mesmo vou procurar um psicólogo para me ajudar... Prometo!

Abraçando-a afetuosamente, Pilar a estimula:

– Ficarei ao seu lado e venceremos isto! Claro que sim! Preparem-se, rapazes, que as Mata Hari vão entrar em ação!

FICHA DIDÁTICA

ENSINO RECÍPROCO

OUI, C'EST MOI

Alguns comentários sobre a narração

- Daniel, encarregado de ler o texto em voz alta e de resumir as idéias principais, explica, com relação ao método do ensino recíproco:

"Aparentemente, nesta atividade tenta-se fazer com que cada um de nós pratique uma das funções mentais que um bom leitor realiza simultaneamente e de maneira coordenada. Assim a aprendizagem ficará mais fácil."

A idéia de distribuir o esforço cognitivo presente quando se realiza uma tarefa complexa, centrando-nos apenas em uma das operações que a compõem, a fim de obter um melhor desempenho quando a realizamos, é habitual quando, por exemplo, redigimos um texto com a ajuda do processador de textos de um computador. Enquanto nos dedicamos de forma focalizada a gerar idéias, o computador encarrega-se de nos proporcionar dados, citações ou nomes de autores (memória auxiliar), ou de corrigir a ortografia e a sintaxe e de se ocupar das margens e do estilo tipográfico.

No ensino recíproco, o processo de compreensão efetuado por um/a bom/a leitor/a (identificar as idéias principais e resumi-las, formular-se perguntas e respondê-las, ou antecipar nova informação antes de lê-la) distribui-se entre várias pessoas para facilitar o processo e obter melhores resultados.

- Freqüentemente, durante a atividade, ocorrem problemas de interpretação. Em muitos casos, enquanto Daniel, Adolfo e Pilar chegam a conclusões semelhantes, Maitê extrai conclusões bem diferentes. Esse fato pode ser explicado se aceitarmos que o entendimento de um texto significa elaborar uma hipótese prévia, de caráter pessoal, sobre a idéia central que é nele articulada. Essa hipótese dá sentido (o que pretende o/a autor/a) e significado (o que o/a autor/a nos diz para conseguir isso) à leitura; guia e regula o processo de compreensão e facilita a interpretação do que é lido, resolvendo as lacunas e incompreensões (deduções) que podem ocorrer durante o processo. Entretanto, a hipótese é construída a partir de nossos conhecimentos prévios, entre os quais também devem ser incluídos nossos preconceitos, nossas atitudes, etc.

No caso de Maitê, os preconceitos e as resistências ativados parecem anular ou pelo menos inibir outras hipóteses alternativas.

ENSINO RECÍPROCO

– Antes do inevitável, Pilar exclama de forma contundente: "Fique calado para não dizer besteira! Seria melhor que você fizesse perguntas interessantes, como o professor recomendou... Eu tenho uma bem difícil: por que esta doença afeta mais meninas que meninos?".

A formulação de perguntas com diversos graus de complexidade corresponde a uma prática de alto interesse educativo. Em geral, podemos considerar que surjam três tipos de perguntas:

a) *Perguntas de compreensão literal*: a resposta a esse tipo de perguntas é encontrada diretamente no texto e, portanto, só deve ser procurada ou lembrada nele. Na verdade, são questões mais ligadas à memória do que à compreensão do/a aluno/a.
b) *Perguntas de compreensão inferencial*: são perguntas que, de maneira indireta, podem ser respondidas se o ponto correspondente do texto tiver sido entendido corretamente. Por exemplo, pede-se que o/a aluno/a ilustre com um exemplo o conceito explicado, ou situe um caso concreto na categoria conceitual pertinente.
c) *Perguntas de compreensão profunda:* a resposta a esse tipo de perguntas requer a utilização de conhecimentos pessoais que não aparecem no texto. Um exemplo deste tipo de perguntas é a proposta de previsões:

"O que você acha que aconteceria se...? Como você acha que continuaria a segunda parte deste texto?"

Ou as avaliações:

"Quais são os pontos fracos e fortes do texto? Como certo personagem (ou um grupo ideológico concreto, etc.), avaliaria uma determinada idéia do texto?"

ENSINO RECÍPROCO

FICHA TÉCNICA DO MÉTODO COOPERATIVO

Nome

Ensino recíproco (leitura colaborativa). Em inglês, *Reciprocal Teaching.*

Métodos afins

Tutoria entre iguais.

Composição do grupo

O grupo é formado por quatro alunos que devem realizar tarefas diferentes. Estas, como já se disse, pressupõem operações coordenadas dentro de um mesmo processo mental.

Descrição

A idéia básica desse método, criado por Palincsar e Brown (1984), é que "os estudantes se ensinem reciprocamente". Cada um realiza uma função diferente, porém complementar, para realizar uma tarefa comum, e ensina os outros membros do grupo a realizá-la quando chegar sua vez. O ensino recíproco é considerado uma variante da aprendizagem cooperativa porque, sem a ajuda de todas as funções e de todos os membros, a tarefa do grupo não poderia ser realizada (na narração que oferecemos como exemplo, ninguém poderia compreender o texto). Além disso, a execução de cada função depende da realização da anterior. Em um primeiro momento, é preferível atribuir as funções mais complexas, como a formulação de perguntas e a antecipação de nova informação, aos membros mais competentes do grupo. Posteriormente, quando já existir um domínio adequado da própria função, isso poderá ser mudado.

Fases de aplicação

1. *Seleção e composição do grupo*: é aconselhável que os grupos sejam heterogêneos com relação ao nível de competências dos seus membros e ao tipo de tarefas a realizar. Portanto, a seleção caberá ao/à professor/a.

ENSINO RECÍPROCO

2. *Formação prévia com relação às funções a serem realizadas:*
- Resumir: ajudar os alunos a sintetizar as idéias principais de cada parágrafo, buscando e sublinhando as palavras-chave e parafraseando-as.
- Formular perguntas: ajudar os alunos a elaborar perguntas nos diferentes níveis de compreensão.
- Responder as perguntas: ajudar os alunos, em cada caso, a identificar dados, realizar inferências, aplicar conceitos, extrapolar idéias, elaborar metáforas, avaliar criticamente opiniões, etc.
- Antecipar: oferecer indicações para prever o conteúdo da parte seguinte do texto, através de perguntas como: se eu fosse o/a autor/a do texto (problema, história em quadrinhos, etc.) como continuaria? Que dados ainda não apareceram? O que falta saber para...? Que idéias ainda não foram desenvolvidas?, etc.
3. *Período de assimilação do funcionamento*: em princípio, para cada nova tarefa (outro texto para ler, problema a resolver, etc.), seria aconselhável variar a função de cada aluno/a dentro do grupo; porém, isso dependerá da assimilação correta da função correspondente de cada participante.
4. *Mudança das funções*: há uma rotatividade na função realizada pelo/a aluno/a, à medida que se sucedem novos fragmentos do texto ou problema. Assim, por exemplo, no primeiro texto, o/a aluno/a A realiza a função 1 (ler e resumir); o/a aluno/a B, a função 2 (formular perguntas); o/a aluno/a C, a função 3 (responder as perguntas); e o/a aluno/a D, a função 4 (antecipar nova informação). No segundo texto, o/a aluno/a seguinte realizará as funções do anterior, isto é, o/a aluno/a A realizará a função 2, o/a aluno/a B, 3, o/a aluno/a C, a 4 e o/a aluno/a D, a 1, e assim por diante.
5. *Avaliação*: como na maioria dos métodos cooperativos, a avaliação será realizada com base em uma tarefa ou em um produto elaborado pelo conjunto do grupo (por exemplo, responder perguntas de compreensão sobre um texto ou um problema trabalhado de maneira recíproca).

Indicações

Embora o ensino recíproco tenha se originado e seja praticado quase exclusivamente no âmbito da compreensão de textos, sua aplicação pode ser transferida facilmente para atividades de escrita colaborativa, resolução de problemas matemáticos ou outras que impliquem a realização de funções mentais complementares.

ENSINO RECÍPROCO

Orientações

O papel do/a professor/a é fundamental. Em primeiro lugar, convém indicar as diferentes funções a serem realizadas a cada membro do grupo e, depois, deve haver um acompanhamento contínuo do cumprimento da tarefa a fim de melhorar sua qualidade e complexidade.

REFERÊNCIAS BIBLIOGRÁFICAS

EDWARDS, D., y MERCER, N. (1988): *El conocimiento compartido. El desarrollo de la comprensión en el aula.* Barcelona: Paidós.

MONEREO, C. (coord.), BARBERÀ, E., CASTELLÓ, M., y PÉREZ CABANÍ, M.L. (1996): «Orientación y tutoría educativas en el ámbito de las estrategias de aprendizaje», en A. ÁLVAREZ y R. BISQUERRA: *Manual de orientación y tutoría.* Barcelona: Praxis, p. 147-192.

PALINCSAR, A; y BROWN, A. (1984): «Reciprocal Teaching of comprehension-fostering and metacognitive strategies», *Cognition and Instruction,* nº 1, p. 117-175.

PALINCSAR, A., y HERRENHOHL, R. (1999): «Designing Collaborative Contexts: Lessons from three research programs», en A. O'DONELL y A. KING: *Cognitive Perspectives on Peer Learning.* Mahwah, NJ: Lawrence Earlbaum Associates, Inc.

ROSENSHINE, B., y MEISTER, C. (1994): «Reciprocal Teaching: A review of the research», *Review of Educational Research,* nº 64 (4), p. 479-530.

SORIANO, M., VIDAL-ABARCA, E., y MIRANDA, A. (1996): «Comparación de dos procedimientos de instrucción en comprensión y aprendizaje de textos: Instrucción directa y enseñanza recíproca», *Infancia y Aprendizaje,* nº 74, p. 57-65.

Algumas reflexões

- Caso você decida utilizar esse método em sua sala de aula, com que tipo de texto considera que deveria trabalhar (informativo, argumentativo, narrativo, etc.)? Levando em conta os interesses e as necessidades de seus alunos, quais conteúdos escolheria?
- Acredita que seus alunos seriam capazes de formular perguntas que implicariam deduzir ou inferir alguma idéia que não aparecesse diretamente no texto? Como você pensa que poderia ajudá-los a conseguir isso?
- Acredita que poderiam ser realizadas antecipações aceitáveis sobre o fragmento seguinte, além do texto já lido? Como essa função poderia ser facilitada?
- Através de que tipo de pauta ou registro você poderia controlar o progresso de cada um dos grupos e nele intervir?

ENSINO RECÍPROCO

Sugestões de trabalho com os alunos

- No início da história, Daniel, Adolfo, Pilar e Maitê não entendem muito bem por que os quatro têm de ler o texto. O professor explica-lhes que, assim, melhorarão sua maneira de ler. Você considera que ler (ou escrever, ou construir uma maquete) em grupo pode ajudar a compreender melhor a atividade em questão? Por quê? Em que sentido? O que deve acontecer para que esse tipo de atividade em grupo funcione?
- Quando Daniel resume a primeira parte do texto, primeiro Pilar e depois Maitê mostram seu desacordo com a forma como ele o fez. Por que o resumo não foi bem feito? O modo proposto por Pilar é melhor? Você acrescentaria ou eliminaria alguma coisa?

3

Não Encontrei Margaridas

Grupo de Apoio

Como me envergonho de ter começado a chorar assim no meio da aula! Tenho de fazer alguma coisa, porque não consigo me controlar... Já se passaram cinco meses desde o acidente e, cada vez que vejo as figurinhas que o Victor colecionava, meus olhos ficam cheios de lágrimas e não posso fazer nada para evitar isso. É superior às minhas forças!

Porém, isso não é o pior. Meus esforços em tentar esquecer, deixar a mente em branco e não pensar em nada tiveram algum sucesso, mas a que preço! Meus colegas devem pensar que sou uma zumbi quando, no bar, fico com o olhar perdido e deixo o café esfriar. E ainda bem que não me viram em casa! Na segunda-feira, quando minha mãe chegou com o jantar, estava há horas na banheira, enrugada como uma uva passa e tiritando de frio; apertava firmemente a esponja com as duas mãos, enquanto olhava fixamente para a mancha de umidade no teto... com a mente em branco.

Quando ela me perguntou há quanto tempo estava na água, menti quase sem perceber: "Não sei... meia-hora...". Na verdade, tinha perdido completamente a noção do tempo. Quando voltei da escola, como um robô, enchi a banheira e me enfiei nela... Quanto tempo passei lá? Mais de quatro horas, acho.

É difícil reconhecer que não estou bem. Que talvez nunca melhore. Que minha vida acabou. Que... Nuria, Nuria: pensamentos positivos, pensamentos positivos! Tenho de concentrar-me no trabalho, refugiar-me nas aulas, como diz meu irmão. Sempre gostei de lecionar, dos adolescentes... Mas esta história de começar a chorar de repente... O que os alunos devem pensar de mim?

Na noite passada, outra vez as imagens, as malditas imagens do acidente... Embora tenham me repetido incessantemente que não pude ver nada, que estava dormindo no carro e só recuperei a consciência três horas mais tarde, no hospital, poderia reproduzir o que aconteceu fotograma a fotograma. Jacinto tenta manter os olhos abertos e, em um momento de descuido, passamos para a faixa contrária e somos totalmente engolidos pelo caminhão. Mil pedaços de ferro atravessam os corpos de Victor e Jacinto. E eu, imóvel, rígida, observo a cena, congelada pela minha impotência... Meu Deus, por que eles e não eu? Por quê?

- Nuria, você está bem?
- Sim, sim, não é nada... Entrou um cisco no meu olho.
- Escute, o diretor quer falar com você.
- Tudo bem, já vou.

Suponho que Miguel e o restante da equipe de direção já tomaram uma decisão sobre o que está acontecendo comigo. Acho que vão pedir para eu tirar umas férias. Ou pedir demissão. A culpa não é deles. Assim vai ser melhor. Sou contraproducente para os alunos. Ontem mesmo tiveram de chamar minha atenção duas vezes durante a aula: havia ficado parada na frente do quadro-negro sem saber como continuar. Novamente, a mente em branco. Ninguém riu, mas todos se entreolharam de forma cúmplice... São boa gente. Devem achar que enlouqueci.

Na verdade, não estão tão errados assim. Se soubessem quantas vezes fiquei como se estivesse hipnotizada, olhando para o nada na janela de minha casa, pensando em me jogar dela e me reunir com Victor e Jacinto... É curioso, pois minha mãe intui o que se passa e por isso vem todas as noites, às nove horas, pontualmente como um relógio, preparar meu jantar e, pelo menos isso é o que ela deve pensar, para me distrair e afastar os maus pensamentos. Apesar de sermos tão diferentes, ela me conhece profundamente e é consciente da minha fragilidade. E fica comigo até perceber que estou caindo de sono. Porém, quando ela vai embora, eu pulo da cama e começo a beber... Já calculei tudo: no sexto copo as imagens se desvanecem e minha angústia parece diminuir... Que paradoxo, o mesmo álcool que provavelmente matou meu marido e meu filho agora é meu remédio! Transformou-se em meu único consolo...

- Sim, pode entrar!
- Olá, Nuria! Como você não veio, eu decidi vir...
- Desculpe, Miguel, me avisaram que você queria falar comigo, mas eu me distraí com esses exercícios e...
- Tudo bem, Nuria. Posso sentar aqui?
- Claro!
- A Júlia e o Humberto, do 4º B, vieram falar comigo o outro dia e me contaram o que aconteceu na aula...
- Bem... posso explicar!
- Não, deixe eu acabar... Eles estavam preocupados com você. Todos querem ajudar, você é uma professora muito respeitada pelos alunos. Acho que não se incomodariam tanto se fosse comigo!
- Bem, eis o que acontece: quando estou explicando algo, fico como uma daquelas estátuas do parque no meio da sala...

- Nuria, sei que você está muito mal e, por iniciativa da Marga, estamos pensando de que forma nós, professores, podemos ajudar... ou, melhor dito, poderíamos nos ajudar.
- Vocês pretendem que eu faça alguma terapia?
- Todos sabemos que você é uma mulher batalhadora, mas acho que agora não é o momento de ficar na defensiva. Na verdade, você está me devendo a oportunidade de poder lhe dar uma mão. Ou será que já se esqueceu de que me acolheu como um filho quando eu e a Cristina passamos por aquela crise? Você me ajudou a refletir sobre meus sentimentos e, sem dúvida, salvou meu relacionamento com ela.
- Nossa, mas que exagero! Além disso, meu problema é muito diferente. Não tem volta. Nunca mais vou poder me relacionar com eles, ninguém vai poder devolvê-los....
- Olhe, acho que não me expliquei direito. A idéia é formar um grupo de apoio profissional que nos ajude a gerir os conflitos emocionais que incidem diretamente sobre nosso trabalho e sobre as relações que mantemos com os alunos e entre nós. Relações que podem perturbar ou favorecer o funcionamento da escola.
- Bem, assim parece melhor. Ou seja, seria uma espécie de comitê para resolver conflitos...
- Sim, embora o grupo de apoio tivesse sobretudo que tentar prever os conflitos, dando-nos recursos pessoais para enfrentar situações de crise...
- Hum... Não sei o que dizer. E quem formaria esse grupo de apoio?
- Vários colegas: Dario, Alba, Oriol, Marga... Nossa, veja que coincidência: aqui estão eles!

Não acredito no acaso; tenho certeza de que os quatro estavam esperando atrás da porta do escritório.

- Podemos entrar?
- Claro, entrem... Estava comentando com Nuria a possibilidade de criar um grupo de apoio. Bem, em princípio ela está de acordo...
- Sim, claro, de acordo, mas com certas reticências... Espero que isso não se transforme em algo assim como *você precisa é de amor**...
- Olhe – disse Margarida, séria –, sempre detestei esses programas de televisão em que ninguém tem o mínimo pudor de preservar sua intimidade e esconder suas misérias. Mas um grupo de apoio não tem nada a ver com isso. Temos de estabelecer uma dinâmica em que todos possamos expressar necessidades, inseguranças, sentimentos que afetam diretamente nosso trabalho como professores... Não se trata de um grupo de psicoterapia no qual entra todo o tipo de fantasmas pessoais, e sim de um grupo de

* N. de R. *Lo que necesitas es amor*, programa de TV espanhol.

apoio profissional, no qual possamos nos ajudar a minimizar a repercussão do mundo das emoções sobre o nosso trabalho.

- A idéia poderia me parecer boa, até mesmo interessante. Mas que estranho que a tiveram justamente agora, quando a coitada da Nuria está tão mal... – eu disse.
- Nuria – replica Dario –, você sabe perfeitamente bem que sempre estamos correndo e que só podemos fazer as coisas quando as circunstâncias o aconselham e permitem...
- É, pode ser... Mas vocês teriam de ter muita paciência comigo. Perco as estribeiras com muita facilidade.
- Este seria um assunto interessante para começar: *perder as estribeiras na sala de aula*. Quantas vezes aconteceu isso conosco? De que "formas" podemos perder as estribeiras perante os alunos? Como podemos evitar isso? Depois de ter acontecido, é melhor comentar com os alunos ou esquecer o assunto?
- Nossa, Alba, que apressadinha! Bem, talvez realmente seja um bom tema inicial... – disse Margarida.

Miguel entende que existe certa concordância e, como nunca perde tempo, pede que todos se sentem bem perto.

- Bem, o que acham de nos sentarmos e discutir a questão? Oriol, você pode explicar a Nuria o que decidimos na reunião do outro dia sobre a dinâmica do grupo?
- Sim, claro. Bem, simplesmente decidimos seguir uma série de etapas de maneira bastante sistemática. Em primeiro lugar, como já comentamos, teríamos de identificar uma problemática de caráter pessoal, que seja compartilhada por todos e que repercuta diretamente em nosso trabalho. Em segundo, teremos de esclarecer o problema tentando definir com precisão a forma que adota, as circunstâncias em que surge...
- Isso – esclareceu Alba – nos parecia extremamente importante, porque muitas vezes a indefinição dificulta a solução.
- Tudo bem, mas escutem o seguinte. Muitas vezes, por sua natureza emocional, determinados comportamentos surpreendem o próprio ator. Ou será que vocês acham que eu tinha previsto que iria chorar nas aulas?
- Talvez não seja exatamente isso. A questão não é saber por que ocorreu, mas ajudar a evitar que se repita – diz Miguel.

Oriol parece esperar que eu lhe faça algum sinal para poder continuar.

- Em uma terceira etapa, que nos parece a mais importante, analisaríamos quais são as variáveis, imediatas ou mediatas, que geram um determinado estado emocional e quais são as conseqüências desse comportamento a curto e médio prazos.

- Muitas vezes – afirma Margarida –, a origem do conflito pode estar na própria história com uma turma ou com alguns alunos; na sensação de que se aproveitaram de nossa confiança ou de que querem testar nossa autoridade; ou, por exemplo, o fato de se sentirem ridicularizados em determinado momento pode ser causa de muitos despropósitos.
- Em outras oportunidades – acrescenta Miguel –, essa impressão pode ser muito exagerada. A falta de alguém com quem comentar a percepção daquilo que aconteceu, alguém que ofereça um contraponto, muitas vezes nos faz exagerarmos o fato e chegar a conclusões radicais que nos levam a agir de uma maneira demasiado visceral e descontrolada.
- Uma quarta etapa – prossegue Oriol – seria propor soluções alternativas e o acompanhamento sistemático de sua aplicação. E, por fim, haveria uma etapa de avaliação dos resultados obtidos, que permitiria uma nova tomada de decisões sobre o caso.

Quando Oriol acabou de comentar as etapas, Miguel avançou um pouco mais na determinação da proposta:

- A periodicidade das reuniões seria semanal; por exemplo, todas as quintas-feiras, das 13h às 14h, quando todos estamos no intervalo. Que acha, Nuria?
- Em princípio, estou de acordo.
- Ótimo. Quem quer começar?
- Agora? Você pretende começar já? Já tinham pensado em começar hoje mesmo?
- Por que deveríamos esperar pela semana que vem se já estamos todos aqui?

Entreolhamo-nos. Eles me encurralaram. É claro que já haviam preparado tudo. Porém, no fim das contas, há dias sinto a necessidade de falar das minhas coisas, de compartilhá-las com outros, e creio que o momento adequado chegou.

- Bem, suponho que, como meu caso é o mais recente, eu é que tenho de começar. A questão é que outro dia, quando estava explicando os movimentos migratórios na aula de Estudos Sociais, me deu um branco... Não sei durante quanto tempo, acho que durou pouco.
- E como reagiram os alunos?
- Eles me avisaram. Acho que foi o Humberto. Ele me perguntou se eu estava bem. Eu respondi com um lacônico: "Sim, estou bem".
- Você acha que deveria ter dado mais explicações a eles?

- Talvez...
- Neste caso não é preciso, porque todos estão informados do acidente... – explica Margarida, que recebe o apoio do Miguel.
- Sim, eu também concordo. Neste caso não é preciso. Talvez fosse necessário um certo acordo entre eles e nós para adotar "medidas transitórias" enquanto Nuria vai se recuperando...

Fico pensando que tipo de medidas seriam estas. Oriol continua:

- Desculpe, Nuria, mas você não acha melhor que alguém a substitua até se sentir preparada para voltar?
- Está desculpado, Oriol... Também pensei nisso. Pelo menos em pedir umas férias. Mas, na verdade, quando fico em casa me deprimo ainda mais e acho que vir para a escola me ajuda...
- Quando falei de "medidas transitórias", estava pensando em outro tipo de atitudes, tais como mudar a metodologia e as atividades previstas. Por exemplo, propiciar atividades de debate e discussão que aumentem sua ligação com o grupo...
- Em que você está pensando exatamente, Miguel?
- Bem, nesta idade, muitos se preocupam com a questão da morte. Todos já perdemos algum familiar ou vizinho, e alguns alunos já perderam seu pai... O pai de Paquita, por exemplo, morreu justamente em um acidente de trânsito...
- Estou começando a entender... Você está pensando que o fato de ter de enfrentar a questão poderia me ajudar.
- Não sei, você se sente preparada para isso?

Também não sei. Durante um momento, tenho a impressão de que meus problemas estão aumentando ainda mais. Margarida toma a palavra, espero que seja para me ajudar:

- Na verdade, a morte sempre foi um assunto tabu, talvez ainda mais que o sexo. Acredito que ela pode ser tratada como qualquer outro assunto interessante.
- De qualquer modo – indica Dario observando-me de esguelha –, talvez seja algo muito recente para que Nuria possa tratar a questão de forma objetiva.
- Não entendo essa objetividade, Dario! – exclamou Miguel. – Acho que enfrentar a idéia de ter de morrer um dia requer uma atitude muito pessoal e subjetiva que, para alguns, está mediada pela fé e pela esperança em uma vida depois da morte e, para outros, talvez pela convicção de deixar algum legado na terra, a partir de sua obra ou descendência, que os fará sobreviver, continuar existindo através de outras pessoas...

Interrompi Miguel que, no fim das contas, estava falando de mim mesma:

- Não, Miguel, entendo a vacilação de Dario: "Só nos falta que essa maluca transmita alguma mensagem confusa aos alunos...". Sempre tentei colocar em primeiro lugar meu compromisso e minhas responsabilidades como profissional. Portanto, independentemente de como essa questão seja desenvolvida em sala de aula, a conclusão teria de ser uma só: vale a pena viver pelo menos por dois motivos: tentar ser feliz, mas também tentar melhorar este mundo para que as próximas gerações possam desfrutá-lo. Este é o modo de deixar marcas, como você disse antes, e sobreviver depois da morte.
- Você é maravilhosa! – exclamou Margarida, dando-me um beijo no rosto. – Você e Marga poderiam programar juntas uma unidade didática sobre a morte e encontrar horários compatíveis para apresentar o tema nos respectivos grupos – sugere Miguel.
- Oh, Nuria, eu adoraria!

A atitude de Margarida faz com que meus lábios esbocem um gesto que ultimamente pareciam ter esquecido, um sorriso, e digo-lhe:

- Você sempre foi um pouco macabra... Quem pode gostar de falar disso? Mas a verdade é que me parece uma idéia interessante.
- Bem – conclui Miguel, visivelmente satisfeito –, como está ficando tarde e dissemos que essas reuniões teriam de ser breves, porém freqüentes e intensas, proponho parar por aqui e que Nuria e Marga comecem a programar a unidade. Na próxima reunião, voltamos a falar do assunto.
- Se alguém tiver alguma idéia ou material sobre o assunto, poderia passar para nós...
- Claro que sim, Alba – respondeu Margarida. – Não se acanhem, estamos abertas a qualquer sugestão!

Antes de nos levantarmos, Dario disse o seguinte:

- Acabo de me lembrar de um filme que, quando o vi, me fez refletir muito. Era uma comédia que se chamava *Meus seres queridos* e se referia ao assunto da morte. Recordo de uma cena terrível em que um perito em maquiagem *post-mortem* mostrava um catálogo de opções aos parentes de um defunto para que decidissem que aparência queriam que o cadáver tivesse: seguro de si mesmo, bondoso, transcendental, informal...
- Impressionante! – reagiu Oriol. – Sempre fiquei preocupado com o que tinha de dizer aos familiares depois de visitar o "corpo presente" do defunto: está muito natural, não sofreu nada, parece que ainda está vivo...

- Bem, talvez seja melhor parar. Não sei se podemos ferir a sensibilidade de alguém.

É evidente que Dario está referindo-se a mim.

- Não se preocupe, pelo contrário. Como pessoa que passou por isso, posso garantir que esse pessoal que presta serviços funerários pode se aproveitar da dor das pessoas para lucrar muito.
- Bem, parece evidente que há muito a dizer sobre esse assunto! Podem deixar que Nuria e eu traremos uma proposta.
- De acordo, então! Está terminada a primeira reunião do grupo de apoio!

Ao sair do colégio, como todos os dias, percorro uma parte do caminho com Margarida. Depois de andarmos alguns passos, ela me pergunta:

- O que você achou da primeira sessão? Um pouco improvisada, não é? Tenho certeza de que as próximas serão melhores.
- Nada disso, gostei muito. Ela me ajudou a deixar um pouco de lado meus pensamentos negativos e ver a situação de outra perspectiva.

No entanto, há algo que me inquieta e comento com Margarida:

- Foi por acaso que você, minha melhor amiga na escola, tenha sido escolhida para elaborar uma programação conjunta comigo? Ou tudo isso foi planejado antecipadamente?
- Nossa, mas você é mesmo desconfiada... Não, não existe nenhum complô. O tema e a possibilidade de elaborarmos juntas uma unidade didática surgiram de forma espontânea. Mas é verdade que estivemos comentando que seria bom que alguém lhe ajudasse nas aulas, e eu me apresentei como voluntária. Você sabe que adoro a sua torta de maçã...
- Fico contente com seu apoio, sei que preciso de ajuda... Não consigo parar de pensar no acidente... Antes de voltar para casa, deixei que Jacinto bebesse demais. Eu também havia bebido muito; se não, teria condições de dirigir e não haveria acontecido nada.
- Bem, isso nunca saberemos.... Posso fazer uma pergunta? Você continua bebendo?

Fiquei gelada. Não sei se isso aconteceu porque não estava esperando a pergunta, ou porque não tenho coragem de respondê-la sem mentir. Contudo, Margarida me salva:

- Quando minha mãe morreu e fiquei sozinha, antes de conhecer Henrique, eu também bebia muito e nem percebia. Ou melhor, era consciente de que bebia, mas tinha certeza de que podia controlar tudo perfeitamente. Que era só uma má fase. Foi muito difícil abandonar o vício. Só graças à paciência e à tenacidade de Henrique isso foi possível.

– Agora estou percebendo: você faz parte da seção "alcoólicos anônimos" do grupo de apoio!
– Não, nada disso! Para mim, é uma oportunidade de falar da morte de minha mãe e da sensação de luto que tenho sentido desde então. Até pouco tempo atrás, não podia falar disso.
– Bem, vai parecer que somos psicanalistas!
– Por quê? Não podemos chamar isso de "comunicação humana"? Sempre gostei muito de uma frase, que não me lembro de quem é, que dizia: "Nada do que é humano me é alheio". Tudo o que pode acontecer com o outro pode ocorrer comigo; portanto, tudo o que eu puder fazer por outra pessoa também pode ser útil para mim.
– Bem, então vou lhe contar. Acho que estou exagerando na bebida ultimamente. Fico aterrorizada com o fato de ter de voltar para casa e enfrentar de novo minhas obsessões...
– Sim, compreendo...
– Olhe, e tem algo que não comentei com ninguém, mas talvez este seja o momento adequado... Não posso deixar de pensar que, mesmo depois do acidente, eu não estive à altura deles...
– Como assim?
– Na noite antes do enterro, eu estava totalmente perdida, talvez pela ação dos tranqüilizantes. De repente, lembrei que tinha de comprar margaridas. Meu marido gostava tanto dessas flores! Ele sempre dizia que elas eram autênticas como eu... Nunca vou esquecer, um 13 de agosto, às nove horas da noite, e eu procurando desesperadamente um ramo de margaridas. Mas não encontrei. Não fui capaz de encontrá-las. Nem mesmo em uma coisa simples como esta eu estive à altura...
– Não é nada disso! Tente encontrar qualquer coisa a partir das nove da noite, em pleno mês de agosto, quando todo mundo está de férias...
– Bem, de qualquer forma já passou e não há mais nada a fazer. Talvez seja uma bobagem, mas naquele momento as flores representavam um vínculo com ele. Um elemento que era só nosso, que nos uniria através do tempo e do espaço... Mas chega, não quero incomodá-la mais.
– Você não está me incomodando! Na verdade, estou ganhando o meu salário...
– E, sem dúvida, você trabalha demais para o que recebe...
– Eu me sinto recompensada apenas por "fazer o bem". E, agora, onde está aquela torta de maçã?
– Bem, se você vier esta tarde, às sete horas, poderemos conversar sobre a escola e você terá seu reforço positivo.
– Até logo, então!

Às sete horas em ponto tocam a campainha. Quando fui abrir, deparei-me com todo o grupo de apoio e, na frente de todos, Margarida Garcia com um belo buquê de... margaridas, *of course*. E eles exigem que eu leia o cartão na frente de todos, sem dúvida para ver minha expressão:

- Metamargaridas: *Uma Margarida com margaridas é um fenômeno recorrente, que não tem princípio nem fim e que, portanto, possui efeitos retroativos. Agora eles já as têm e elas nunca mais faltarão para você.*

Não consigo controlar-me. Começo a chorar como uma Madalena arrependida rodeada por dez braços e sei com certeza que as lágrimas levam embora uma grande parte da dor que, até poucos minutos atrás, parecia-me insondável e eterna.

GRUPO DE APOIO ENTRE IGUAIS

NÃO ENCONTREI MARGARIDAS

Alguns comentários da narração

- A possibilidade de atuação do grupo de apoio surge quando se toma consciência de que existe um problema que bloqueia ou dificulta a própria atividade profissional e de que é preciso delimitar seu alcance e analisar as condições que determinam seu surgimento e desenvolvimento. Na narração, a protagonista parece admitir o problema desde o início, bem como a impossibilidade de superá-lo sozinha. Com a ajuda dos colegas do grupo de apoio, ela inicia um processo de "objetivação" de seus sentimentos de culpa e começa a buscar soluções que a ajudem a superar o desânimo e a se reintegrar à docência com novos projetos estimulantes.
- O objetivo do grupo de apoio, como afirma Miguel, é sobretudo "tentar prever os conflitos, dotando-nos de recursos pessoais destinados a enfrentar situações de crise". Ambos os aspectos podem ser realizados mediante o grupo de apoio. Quando o diálogo é contínuo e o conhecimento entre os membros aumenta dia a dia, como ocorre no caso de Nuria, fica mais fácil antecipar e prever uma crise emocional, por exemplo, antes que ela surja com toda a intensidade.

Quanto aos recursos, a possibilidade de analisar explicitamente as próprias habilidades de autocontrole e regulação, assim como a de observar outros modelos de atuação diante dos conflitos, também são uma considerável fonte de aprendizagem que favorece a mudança cognitiva e emocional.

- As diferenças entre um grupo de terapia e o grupo de apoio são evidentes. Porém, citaremos algumas das mais importantes:

• O grupo de apoio desenvolve-se dentro da própria instituição.
• Não há um terapeuta, mas sim uma dinâmica que se estabelece entre iguais.
• Não pressupõe nenhum custo econômico. Tenta criar um clima de empatia e proximidade emocional que gere confiança e tolerância.
• Por último, não pretende interpretar as ações, nem julgá-las ou avaliá-las, mas buscar soluções imediatas e realistas que detenham o problema e, na medida do possível, apresentem sugestões para que ele acabe.

Alba menciona isso claramente: "A questão não é saber por que tal coisa aconteceu, mas ajudar a evitar que se repita".

GRUPO DE APOIO ENTRE IGUAIS

– A principal fonte de energia do grupo de apoio é a contraposição de diferentes pontos de vista sobre um mesmo fato para tentar se descentralizar, adotar a perspectiva dos outros e relativizar os próprios pontos de vista e preconceitos. Miguel diz o seguinte: "Algumas vezes, essa impressão pode ser muito exagerada. A falta de alguém com quem comentar a percepção do que aconteceu, alguém que ofereça um contraponto, faz com que muitas vezes exageremos e generalizemos o fato, extraindo conclusões radicais que nos levam a agir de uma maneira demasiado visceral e descontrolada".

GRUPO DE APOIO ENTRE IGUAIS

Nome

Grupo de apoio entre iguais.

Métodos afins

Resolução colaborativa de problemas e redes de apoio aos colegas.

Composição da equipe

Formada por um pequeno grupo de profissionais que compartilham o mesmo âmbito social e profissional e que aceitam uma comunicação interpessoal simétrica (não-hierárquica), por meio da qual se cria um clima real de confiança e tolerância. Tal ambiente permite compartilhar aspectos íntimos que estejam relacionados ao desenvolvimento do trabalho profissional, ou que incidam sobre ele.

Descrição

A técnica consiste em planejar reuniões marcadas antecipadamente em que cada membro se compromete tanto a apoiar os outros como a aceitar sua ajuda.

Fases de aplicação

1. *Esclarecimento do problema*: este deve ser explicitado e deve-se tentar chegar a alguma solução. Muitas vezes, a maneira de formular ou definir um problema transforma-o em algo insolúvel. Isso acontece, por exemplo, quando se considera que a conduta de um/a aluno/a corresponde a seu “temperamento” ou a uma determinada patologia que faz com que se comporte assim e que a única solução consiste em expulsá-lo/a da sala de aula ou da escola.
2. *Análise do problema*. Requer o seguinte:

- Partir de uma interpretação sistemática das variáveis em jogo. Deve-se levar em conta que os fatores que originam e prolongam a situação-problema, com freqüência, têm uma relação de dependência e, portanto, uma mudança em um dos fatores afeta os demais. Por outro lado, sua posição pode ser

GRUPO DE APOIO ENTRE IGUAIS

diferente, no sentido de que algum fator seja central e outros desempenhem um papel secundário.

- Realizar uma análise funcional das variáveis que intervêm. Nessa análise, estariam envolvidos tanto os fatores prévios que podem propiciar o aparecimento da conduta-problema como os fatores que mantêm o conflito e as conseqüências que derivam dele.

3. *Estudo de soluções alternativas e seus efeitos positivos e negativos*. Um bom sistema para decidir qual estratégia deve ser aplicada pode ser a antecipação do resultado de possíveis atuações que levem a uma solução imediata e definitiva, ou a aproximações que permitam minimizar os efeitos do conflito.
4. *Implantação de estratégias de apoio e acompanhamento sistemático de sua eficácia e progressão*. O fato de que a intervenção apresente os resultados desejados baseia-se no compromisso do grupo para empreender as atuações combinadas e realizar seu acompanhamento específico.
5. *Avaliação de resultados*. No final do processo de apoio, é imprescindível comparar os resultados obtidos com os que se buscavam, a fim de planejar novas ações ou considerar seu êxito.

Indicações

É uma técnica apropriada a todos os contextos profissionais em que os problemas pessoais de caráter emocional possam incidir negativamente sobre os diferentes agentes envolvidos na atividade, assim como a locais em que as condições de trabalho permitam que um grupo de trabalhadores possa organizar-se de forma autônoma para expor abertamente suas dificuldades e receber apoio dos colegas.

Orientações

Em termos gerais, a consolidação e o desenvolvimento do grupo de apoio são determinados pelos seguintes fatores:

- Nível de disponibilidade e acessibilidade do grupo de apoio.
- Grau (subjetivo) de satisfação de cada um com relação ao apoio recebido no momento de enfrentar os problemas pessoais ou profissionais.

GRUPO DE APOIO ENTRE IGUAIS

- Sensação de reciprocidade ou justiça nas trocas estabelecidas.
- Percepção do nível de envolvimento pessoal e de sinceridade dos membros do grupo.
- Elevação do grau de confiança e tolerância aceito pelo grupo.

Para o bom funcionamento do grupo de apoio, é preciso ser especialmente cuidadoso para facilitar ao máximo a atitude de escuta sem julgamento e evitar comparações entre os membros do grupo (sensação de que alguns são mais protegidos que os outros).

REFERÊNCIAS BIBLIOGRÁFICAS

BONALS, J. (1996): *El trabajo en equipo del profesorado.* Barcelona: Graó.

ESTEVE, J.M, FRANCO, S., y VERA, J. (1995): *Los profesores ante el cambio social.* Barcelona: Anthropos.

GARCÍA SÁNCHEZ, J.N. (1999): «La intervención psicopedagógica a través de la creación y participación en las redes de apoyo», en J.N. GARCÍA SÁNCHEZ: *Intervención psicopedagógica en los transtornos del desarrollo.* Madrid: Pirámide, p. 65-103.

PARRILLA, A., y GALLEGO, C. (1999): «Cómo pueden los profesores ayudarse entre sí: el desafío del trabajo compartido», *Revista de Educación Especial,* nº 25, p. 55-57.

SELLARÈS R. (2000): «Una modalitat de grups de suport i formació de centres», *Guix,* nº 264.

Algumas reflexões

- Durante a primeira sessão do grupo de apoio, propõe-se a realização de uma programação sobre a morte como centro de interesse. Que vantagens e inconvenientes você pensa que existem na escolha desse tema? Você considera que ele seria viável em sua escola? Em sua opinião, que outros temas poderiam ser trabalhados de maneira complementar com relação à questão da morte?
- Em sua realidade profissional, seria viável programar conjuntamente uma unidade didática com algum colega e depois compartilhar algumas aulas sobre a unidade programada? Se a resposta for negativa, que condições deveriam ser modificadas para isso ser possível?
- Você considera que as relações pessoais em sua instituição escolar permitiriam a criação de um grupo de apoio? O que deveria mudar para que isso fosse possível?

GRUPO DE APOIO ENTRE IGUAIS

Sugestões de trabalho com os alunos

Neste relato, uma série de colegas da protagonista pretende apoiá-la para que supere seu estado de tristeza e depressão e, pouco a pouco, reintegre-se à vida da escola e volte a ser a boa professora que sempre foi. Você acredita que esse sistema de "grupo de apoio" realmente pode ajudá-la? Entre suas amizades, alguma vez aconteceu uma situação similar de apoio a outro/a colega? Em sua opinião, que problemas podem surgir? Como eles poderiam ser resolvidos antes de ocorrer?

4

Especialista, Você? Em Quê?

Quebra-cabeça

Há dias em que, quando chegamos em casa ao anoitecer, depois de uma dura jornada de trabalho, gostaríamos de ir direto para a cama. Esses são aqueles dias em que nada deu certo. Irene, minha mulher, logo percebe:

– Nossa, que cara! Problemas?
– É melhor você nem saber! Estávamos trabalhando loucamente no projeto dos bretões...
– Na multimídia para aquele museu?
– Sim... O pedido foi bastante concreto. Sabemos claramente quais são os objetivos, o contexto, a representação dos conteúdos... mas encalhamos no roteiro. E, mais concretamente, no *network*. Você sabe por que....
– Pelo problema de sempre?
– Claro! Os programadores não param de brigar para mostrar quem sabe mais, a projetista diz coisas que ninguém escuta, quando eu digo algo parece que o coordenador prefere que eu cale a boca, porque no fim das contas sou apenas o desenhista gráfico... Às vezes, parece que cada profissional se ocupa apenas da sua parte e se esquece de que está trabalhando em uma equipe.
– Não é fácil trabalhar em grupo. E ninguém nunca nos ensinou a fazer isso. No meu trabalho, no hospital, acontece mais ou menos a mesma coisa... Pare de comer bobagens antes do jantar!
– Não comi nada, só ia preparar uma salada...
– É melhor você mesmo se preparar, porque hoje à noite Alberto convidou Humberto para jantar.
– Humberto? Aquele Humberto, o Maremagnum*?

* N. de T. Abundância, grandeza ou confusão. Multidão de pessoas ou coisas. Também é um local de Barcelona onde se concentram muitas pessoas, porque lá há um *shopping center*, vários cinemas e um aquário.

- O próprio.
- Ah, não! Esse cara de novo? Faz pouco tempo que ele veio aqui em casa!
- Bem, já faz duas ou três semanas...
- É mesmo? Acontece que minha cabeça ainda dói desde o último dia em que o vi naquele terrível jantar. Ele não ficava quieto! Sua voz ainda está ecoando no corredor... E, além disso, quebrou aquele seu bibelô de porcelana fazendo uma brincadeirinha boba...
- Chega, não exagere e tome uma aspirina...

Saí correndo para pôr a mesa. As visitas de Maremagnum são como o sarampo: quanto mais rápidas, melhor. Se já encontrasse tudo na mesa quando chegasse e comesse quietinho, depois eu iria correndo para a cozinha lavar os pratos.

Também aproveitei para recolher as coisas que estavam jogadas na sala de jantar. Da última vez, o cara tinha levado dois rascunhos de ilustrações e eu nem tive tempo de lhe dizer que precisava entregá-los na manhã seguinte. E outra vez, quando estava despedindo-se, trocou um CD de avaliação do trabalho por um par de beijos.

Uma figura, o tal do Maremagnum! Quando Alberto, meu filho, o apresentou a nós, disse que o apelido havia sido colocado por uma professora devido ao comportamento agitado do rapaz. Coitada dessa professora! Alguns minutos depois de conhecê-lo, descobri que o apelido tinha tudo a ver com ele: seria capaz de ir até o local de Barcelona que tem esse mesmo nome e entrar nas salas de cinema para assistir a dez filmes seguidos. E, no caminho de uma sala para a outra, ainda teria tempo de passar pelo bar para comprar pipocas e deixar o pipoqueiro maluco!

Estava no escritório acabando de recolher – ou melhor, de esconder – minhas coisas e outras que achei que corriam perigo na sala de jantar, quando ouvi vozes, especialmente a dele que, por esse problema típico da puberdade, tinha um tom de falsete ótimo para perfurar os tímpanos. Permaneci no escritório o máximo de tempo possível, até Irene avisar que o jantar estava na mesa.

- Olá, senhor-pai-do-Alberto! Como vai? Acho que não muito bem, está com uma cara de cansaço... Deve ser excesso de trabalho, certamente... Como Alberto me explicou com todos os detalhes, sua especialidade deve ser tão apaixonante quanto estressante... não é? Qual o desafio agora, algum CD-ROM muito potente? Hoje em dia, há coisas maravilhosas nesse sentido. Na semana passada, por exemplo, vi um joguinho de computador que...

Desliguei para dar uma trégua ao meu cérebro. Em apenas alguns instantes, ele havia conseguido apertar minha mão, examinar meu rosto, seu globo ocular esquerdo havia inspecionado a sala de jantar em busca de algum vestígio do meu trabalho e suas mãos apoderaram-se de uma folha em branco em que me descrevia exaustivamente a tela de um jogo multimídia no qual eu não estava minimamente interessado.

- Sabe que Alberto e eu recebemos um diploma?
- Ah, é? – respondi, esperando que assim Alberto tomasse a palavra, em vez daquela metralhadora humana. – Que diploma é esse, Alberto?
- Cara, explique aos seus pais! – disse quem você já pode imaginar. – E mostre o diploma para eles!

Não gosto que ninguém se levante da mesa depois de termos começado a jantar, mas aparentemente esse diploma valia a pena. Ainda mais se isso ajudasse a calar a boca de Maremagnum, embora fosse apenas durante alguns minutos... Porém, enquanto Alberto revirava as coisas de sua mochila, *Mister Speaker* não desistia:

- Estamos estudando energia na disciplina de Tecnologia. Na semana passada, vimos que as conseqüências sociais e ambientais do uso do carvão, do petróleo e do combustível nuclear fizeram com que os tecnólogos buscassem outras fontes de energia. E esta semana estudamos principalmente as energias alternativas.

Alberto estava mostrando-nos o diploma com um sorriso. Eu, que conheço meu filho como a palma de minha mão, interpretei aquele sorriso como um gesto de cumplicidade ao ver que nosso convidado não deixava ninguém abrir a boca. Ele, plantado ali com o papelzinho, parecia a ilustração rústica da explicação de Maremagnum.

- Estão vendo? É o grupo Gritaria, formado por Alberto, que é ele, Glória, que é uma colega, Humberto, que sou eu, e Ibraim, outro colega! O esforço da nossa equipe foi reconhecido pela turma devido ao seu progresso na unidade de fontes alternativas de energia; entre parênteses: energia solar, energia eólica, *et cetera* e tal...

Em outras circunstâncias, eu teria felicitado meu filho, mas se o fizesse naquele momento teria de felicitar também a Humberto, com o risco de, com isso, dar-lhe ainda mais corda. Por isso, limitei-me a dizer:

- Muito bem! Pelo bem da humanidade, convém que comecemos a substituir as antigas energias poluentes e não-renováveis por outras que respeitem mais o meio ambiente. A energia solar...
- Pergunte o que quiser sobre energia solar ao seu filho. Ele é um especialista na matéria – interrompeu Humberto.
- Especialista, você? Em quê? – perguntei a Alberto.

- Você é um especialista em energia solar, meu filho? – perguntou Irene, com vontade de descobrir uma capacidade oculta de nosso filhinho.
- Claro que sim! O Alberto fazia parte do grupo de especialistas em energia solar. Quando o professor de Tecnologia nos contou que trabalharíamos com energias alternativas, ele propôs que usássemos o método do quebra-cabeça, como já tínhamos feito antes...
- Um quebra-cabeça para aprender coisas que têm a ver com a energia?
- Não, não... É um método de trabalho em grupo em que cada membro se transforma em um especialista de uma parte do tema. Dessa forma, cada aluno tem uma peça do quebra-cabeça, uma parcela do conhecimento imprescindível para o restante da equipe.

"Bem, é algo parecido com o que acontece no meu trabalho, em que cada membro da equipe multiprofissional é especialista em algum campo", pensei. Irene, por sua vez, continuava interessada em Alberto:

- Bem, mas como foi que você virou especialista em energia solar? Será que é por que você se queima muito no verão?
- E eu, senhora, e eu? Será que tenho cara de ser especialista na energia provocada pelas marés?

Eu estava prestes a responder que sim, que ele era um autêntico maremoto, mas mordi a língua. Só me faltava ofendê-lo para complicar ainda mais as coisas. Humberto continuou:

- Cada um dos quatro membros do nosso grupo virou especialista em algo.
- Que coincidência! – exclamei, enquanto recolhia os pratos de sopa e servia as omeletes. – Também existem quatro fontes de energia...
- Coincidência nada! O professor havia preparado tudo muito bem. Se os grupos tivessem um número maior de componentes, ele teria procurado outra fonte de energia ou teria dividido uma das quatro equipes em mais partes. Ou, se tivéssemos sido três grupos, ele teria agrupado um par de fontes. Nada de coincidência! Os professores são muito espertinhos, embora não pareçam... Bem, então, o Alberto virou especialista em energia solar, Glória na eólica, Ibraim na geotérmica e eu na gerada pelas marés e ondas do mar, como vocês sabem. Como somos 28 alunos na turma, os quatro grupos de especialistas tinham sete pessoas cada um.
- E por que o Alberto se tornou especialista em energia solar? – perguntei, achando que agora ele seria obrigado a ceder a palavra a meu filho.
- No grupo de especialistas, cada aluno é responsável por garantir que todo o grupo conheça a parte do tema que lhe foi atribuída; por isso,

eles são chamados de especialistas. Naquela ocasião, realizamos duas reuniões de trabalho no grupo de especialistas...

- Tudo bem, mas por que Alberto virou especialista nesse assunto? – perguntei, destacando o sujeito da oração e olhando para Alberto no final da frase.
- Já ia contar isso. O professor entregou uma folha de atividades para cada grupo de especialistas. Nela, avisava-nos de onde tínhamos de extrair a informação. Por exemplo, nós, os das marés, tínhamos de ler alguns textos do livro; os do grupo do Alberto tinham de assistir a um filme, era mais fácil...

Alberto esboçou um gesto de protesto, como se não estivesse de acordo com o fato de que extrair informação de um filme fosse mais fácil, mas não teve tempo de dizer nada.

- Nessa mesma folha, também havia diversas perguntas sobre o que havíamos visto ou lido. Nós as dividimos de maneira que cada pergunta fosse respondida por duas pessoas. Como havia sete, decidimos que cada um responderia duas para poder comparar as respostas depois. Não eram perguntas muito difíceis, mas era preciso compreender muito bem a informação. Nosso grupo tinha de fazer um diagrama dos dois principais sistemas para transformar a energia cinegética das ondas em energia elétrica: o pato Salter e a coluna de água oscilatória...

Quando chegou nesse ponto, Irene o interrompeu:

- E no grupo do Alberto? Quais eram suas atividades, meu filho?
- Nossa, Alberto, diga alguma coisa, porque senão seus pais vão acabar pensando que eu não o deixo falar....

Nós três olhamos fixamente para o Alberto. Ele, desconcertado, deixou o garfo em cima da mesa e respirou para começar a falar. Parecia que, finalmente, sua vez tinha chegado, mas esses preparativos não adiantaram nada.

- Assim como a nós, também lhes pediram um diagrama de transformação de energia, explicando o que é uma célula fotovoltaica, os materiais de construção, o papel dos satélites artificiais no desenvolvimento do uso dessa energia, o uso do cobre nas placas solares....

Todos optamos por pegar uma fruta, como se nos rendêssemos diante de um inimigo todo-poderoso e invencível. Uma autêntica máquina falante. Quando Irene começou a limpar os lábios com o guardanapo de papel, era como se estivesse agitando a bandeira branca.

- O bom do seu grupo, o dos especialistas em energia solar, é que vocês estudam uma fonte que não tem inconvenientes. No meu grupo, porém, as represas para aproveitar as marés apresentam vários problemas: a hora das marés varia e o pico de produção de energia também é irregular e variável e, portanto, difícil de ser absorvido pela rede geral; os custos de construção são elevados; a alteração da fauna e da flora do ambiente...

Parece-me que, naquele momento, ninguém mais estava escutando o Maremagnum. Era como uma música de fundo. Até mesmo Alberto foi até a cozinha pegar um iogurte. Quando voltou, a exposição sobre os inconvenientes da energia eólica e os da geotérmica havia terminado e a miniconferência, dando origem a uma pergunta que surpreendeu Alberto antes que se sentasse:

- Aposto que na semana que vem o professor de Tecnologia vai nos pedir para montar uma placa de energia solar na oficina! Aposto a moto da minha irmã! Ou, quem sabe, vamos visitar alguma instalação...
- O hospital aonde eu trabalho funciona com energia solar: a calefação, a água...
- Você ouviu o que sua mãe disse? Pois é bem possível que na semana que vem a senhora nos veja andando perigosamente em cima do telhado, enquanto os doentes ou a senhora nos observam morrendo de medo!

Tínhamos acabado de jantar. Todos, menos Maremagnum, que estava começando a descascar uma laranja. Claro, tanto papo! Na minha casa, ninguém se levantava da mesa até todos terem terminado de comer. Por isso, talvez para fazer algo, comentei:

- No meu trabalho, também trabalhamos divididos em grupos de especialistas; cada um domina um campo de conhecimentos e todos temos de cooperar para realizar o produto: um sistema interativo de mídia. É difícil, claro que é. Estava comentando com a Irene que...
- Claro que é difícil! – interrompeu ele, como se quisesse dizer que eu já havia falado demais. – Os professores sempre nos dizem que temos de trabalhar cooperativamente no colégio, porque precisaremos disso no mundo do trabalho. Em maior ou menor medida, em todas as profissões se trabalha com pessoas. Não há empregos solitários.
- É verdade! – não ia deixar esse rapazinho me dar lições. – E repito que não é fácil. Porém, depois de nos reunirmos sempre com o mesmo grupo, com especialistas em diferentes partes do tema, as coisas ficam mais simples...

- O que temos de fazer é explicar aos demais membros do grupo nossa parte de conhecimentos. Compartilhar nossa peça do quebra-cabeça. Depois talvez tenhamos de fazer um trabalho que exija a aplicação de todas as contribuições. Nesse caso, porém, nos limitamos a compartilhar os conhecimentos adquiridos previamente. O professor nos disse que a prova seria individual, mas que a nota seria a mesma para todo o grupo. Portanto, cada um tem de aprender bem sua parte e explicá-la da melhor maneira possível aos seus colegas. O sucesso do grupo depende de cada um e cada um depende do êxito do grupo, compreende? É como no basquete: não é suficiente ter um jogador brilhante se os outros não são tão bons assim, o que conta é o conjunto...
- Sim, mas tudo isso custa bastante. Não temos de fazer uma prova, mas temos de fabricar um produto que também exige a cooperação de todos, e garanto que não é fácil...
- Por isso, o professor nos obriga a preparar o trabalho em grupo. Na folha do grupo de especialistas, além de indicar o que temos de ler, responder e compartilhar, ele nos pede para planejar em grupo a explicação que realizaríamos em nossa respectiva equipe. Os especialistas em energia de marés tinham de identificar quais eram as idéias principais que queriam ensinar; tínhamos de saber se recorreríamos a esquemas, quadros ou desenhos; em que ordem apresentaríamos os conteúdos; também tínhamos de procurar exemplos e formas de verificar se todos os colegas haviam entendido... O professor pode ajudar muito nessa preparação.
- Sim, porque, de acordo com o que você está dizendo, os especialistas fazem o papel de professores para os outros membros da equipe.
- E, antes de acabar com o grupo de especialistas, tínhamos alguns minutos para ensaiar nossa explicação... No momento em que ensinamos é quando mais aprendemos...
- É como a tutoria entre iguais que o Alberto faz, em que ele aprende Língua Espanhola ensinando um colega de uma série inferior. Não é, filho?

Alberto assentiu com a cabeça. Parecia resignado com o triste papel de escutar nosso convidado. Reconheço que fiquei surpreendido por ele não abrir a boca.

- Depois das duas aulas no grupo de especialistas, quando voltamos para a equipe de sempre, achamos engraçado. A Gritaria reunida de novo! O professor escreveu no quadro-negro a ordem das explicações. Solar, eólica, força das marés e geotérmica. Dispúnhamos de dez minutos para cada uma.
- Dez minutos? Você conseguiu explicar tudo isso sobre a energia das marés em dez minutos?
- É claro! E até respondi a algumas perguntas! Não é, Alberto? – perguntou, sem reduzir a marcha. – Não deveria dizer isso, mas estava muito bem preparado.

- E o coitado do Ibraim? Como foi que ele se virou, já que está morando aqui há tão pouco tempo...
- Quando chegou a vez dele, o professor ficou só observando o grupo, mas não precisou ajudar. Na verdade, ele estava muito bem preparado. Duvido que o resto dos especialistas em geotérmica tenha feito uma exposição tão clara de uma usina... Sem dúvida, ele colaborou com o quebra-cabeça.
- E, depois, como foi a prova?
- Bem, espere um pouco. O professor dedicou o último quarto de hora para explicar algumas coisas a toda a turma. Disse que abríssemos bem os ouvidos e prestássemos atenção, porque o que iria dizer poderia cair na prova. Todos dizem isso, mas este geralmente cumpre o que diz... Também comentou alguns acertos e erros que havíamos cometido durante o trabalho em grupo e em equipe.
- Por que você fala de grupo e equipe? Por acaso não é o mesmo?
- Não, não é. O trabalho entre os especialistas ocorre em um grupo, porque nem todo mundo trabalha da mesma maneira, alguns se matam mais do que outros... Embora o professor repita que é responsabilidade de cada membro do grupo que todos se tornem especialistas, na verdade meu êxito pessoal não ocorre em função do grupo...
- Mas, na equipe, sim.
- Claro! No trabalho de equipe cooperativa, as colaborações de cada membro são imprescindíveis, ninguém pode deixar de abordar nenhum assunto. Dessa responsabilidade individual depende o sucesso da equipe. Você consegue seus objetivos se o restante da equipe conseguir os dela. Ou a equipe de basquete e você ganham a partida, ou a equipe e você a perdem... A estrutura nos obriga a cooperar...
- Isso é interessante. Acho que vou comentar esse ponto com meus colegas de trabalho.
- Os próprios recursos nos obrigam a cooperar; enquanto no grupo cada aluno tem seus papéis, quando trabalhamos em equipe o professor dá apenas uma folha para todos, ou nos pede apenas um trabalho...
- Entendi. No entanto, você disse que a prova é individual... Isso parece uma contradição.
- Não, de jeito nenhum. Quanto melhor for a nota de Alberto, Ibraim e Glória, melhor para mim. Isso é justamente o que nos obriga a colaborar. Não se esqueça de que a prova é individual, mas a nota final é da equipe.
- Entendi – respondi, não muito convencido.
- Nessa ocasião, o professor aplicou uma prova com duas perguntas sobre cada tipo de energia, e uma sobre a explicação geral. Ainda bem que havíamos prestado atenção em sua explicação. Ele nos deu 35 minutos para responder às perguntas...
- Que trabalho os professores de hoje têm com esta questão da avaliação contínua!

– Não é bem assim, senhora, pelo menos isso não ocorre com o professor de Tecnologia! Quando o tempo acabou, misturamos as provas e todos ficaram com a de alguém que não pertencia à sua equipe. Tivemos de escrever nosso nome no verso da página e, a seguir, ele foi nos indicando os critérios de correção e a pontuação correspondente. Fizemos uma *co-avaliação*.
– Se os próprios alunos colocam as notas, alguns devem trapacear....
– Eu é que não, juro! Na primeira vez em que fizemos uma co-avaliação, tive de corrigir a prova da Júlia. Alberto já deve ter falado dela para vocês... Bem, então, deixei de lado seus erros porque esperava que, quando ela revisasse a prova e visse quem havia corrigido as perguntas, se considerasse em dívida comigo. Não esperava nenhum favor do outro mundo, é claro, com um simples piscar de olhos já teria me dado por satisfeito...

Alberto começou a rir. Com certeza, esse boneco falante já devia ter-lhe contado essa história centenas de vezes.

– Pois a menina me delatou ao professor e ele me obrigou a retificar a correção, enquanto me fazia um sermão eterno sobre a importância de assumirmos nossos erros como um mecanismo de aprendizagem. A metade da turma ficou rindo de mim. Acho que o professor me usou como bode expiatório para que ninguém mais trapaceasse... Eu me senti como se tivesse roubado a alguém a oportunidade de aprender.
– Que pena, justo você, que pretendia ajudá-la...
– Bem, mas também foi a primeira vez que a Júlia falou comigo fora da sala de aula... Veio me dizer que sentia muito, mas que, de qualquer modo, o professor teria se dado conta ao revisar as provas em casa. Porque são eles quem ficam com as provas, sabem? Depois de corrigi-las, nós só anotamos a nota para calcular a *pontuação inidividual de progresso*.
– A pontuação individual de progresso... Que diabos é isso?
– Temos de comparar a nota obtida na prova individual, a uma escala de 100, com a média das últimas três. Se a atual estiver cinco pontos ou mais abaixo da nota básica, isso representa um zero. De quatro abaixo a quatro acima, vale 1. Entre cinco e nove pontos acima, um 2. Dez ou mais acima, um 3. Cada membro da equipe obtém pontos individuais de progresso.
– Portanto, o importante é o progresso individual, e não só quem tira a melhor nota...
– É verdade. Dessa vez, a Glória tirou a melhor nota da equipe na prova individual, mas sabem quem tirou a melhor pontuação individual de progresso?
– Quem? – perguntou Irene, esperando ouvir o nome de Alberto.

- Ibraim! Ele foi quem aprendeu mais com relação ao seu progresso individual. Seu esforço pessoal, com a cooperação da equipe que o ajuda a aprender, nos proporcionou uma bela quantidade de pontos!
- Portanto, vocês somam os diferentes pontos de melhora pessoal...
- Isso mesmo! Somamos os pontos individuais de progresso dos quatro membros da equipe e...
- Ent, as diferentes equipes competem entre si para ver quem tira mais pontos. A concorrência sempre é estimulante. Tem gente que diz que nossa sociedade evolui graças à competitividade.
- Na escola nos dizem que a cooperação, e não a concorrência, é que nos ajuda a avançar. De fato, no trabalho de quebra-cabeça, temos de somar as pontuações individuais não para compará-las com as obtidas por outras equipes, mas com as médias anteriores da própria equipe. Por isso, temos de avaliar nosso progresso como equipe. E, dessa vez, contamos com o reconhecimento de toda a turma.
- Quer dizer que vocês aprendem a cooperar! Se nós tivéssemos aprendido a trabalhar em equipe, agora não teríamos de aprender a fazer isso com enorme esforço...

Parecia que a conversa – ou o monólogo – estava chegando ao fim. Tínhamos acabado de jantar e o retardatário já estava levantando-se da mesa, olhando curiosamente para o aparelho de vídeo, do qual não tirava os olhos. Senti-me obrigado a dizer algo para levantar oficialmente a sessão:

- Foi muito interessante o que vocês... – retifiquei – o que você comentou. Um dia, seria bom você ir à minha empresa para explicar esse sistema detalhadamente aos meus colegas.

Pensei que, mesmo que não os convencesse, o fato de ter de agüentar aquele papagaio incansável poderia representar um imenso castigo para eles.

- Isso não – respondeu ele, enquanto bagunçava as fitas de vídeo. – Expliquei tudo isso a vocês porque o Alberto pediu. Ele estava preocupado, porque o ouviu comentar com sua mulher que estava tendo problemas com o trabalho em equipe na empresa. E ele achou que, pelo fato de não ser da família, o senhor me escutaria mais que a ele...

Olhei para o Alberto, que neste exato momento se dirigia para a cozinha carregando alguns pratos. Maremagnum continuou, enquanto desordenava agora os livros da estante:

- Ele pode falar com seus colegas, porque hoje não gastou nem uma gota de saliva. Vou levar emprestados estes dois livros, com sua permissão. Tenho um amigo que adora esses assuntos...

QUEBRA-CABEÇA

ESPECIALISTA, VOCÊ? EM QUÊ?

Alguns comentários sobre a narração

- O pai de Alberto, profissional de uma equipe de criação de produtos multimídia, fala das dificuldades de trabalhar de forma cooperativa. Irene, sua mulher, lhe diz o seguinte: "Não é fácil trabalhar em equipe. Além disso, nunca aprendemos a fazer isso". Maremagnum retoma essa idéia mais tarde: "Os professores sempre nos dizem que temos de aprender a trabalhar cooperativamente na escola, porque isso será necessário no mundo profissional". A aprendizagem cooperativa não é apenas uma metodologia de ensino e aprendizagem, mas também representa um conteúdo útil em si mesmo para a vida profissional. Os profissionais da sociedade da informação precisam dispor de habilidades sociais que lhes permitam trabalhar junto com outras pessoas e cooperar para obter bons resultados. Até mesmo o discurso da competitividade no mundo do trabalho está baseado na necessidade de se trabalhar em grupo para obter bons produtos. Portanto, a aprendizagem cooperativa constitui um conteúdo funcional para a vida profissional.
- Na narração, a equipe *Gritaria* obtém um diploma. No mundo anglo-saxônico, onde as práticas de aprendizagem cooperativa estão mais disseminadas, recorre-se a diversos tipos de recompensas para premiar a melhor equipe. Em nosso contexto, pouco propício às recompensas materiais, o apoio ao esforço dos alunos pode concretizar-se através de um elogio (ou de um comentário do/a professor/a durante a aula) que signifique reconhecimento social para a equipe.
- A técnica cooperativa do quebra-cabeça (Jigsaw) foi concebida por Elliot Aronson (1978) e baseava-se na criação de uma interdependência extrema dentro das equipes: cada aluno/a possuía uma peça do quebra-cabeça (parcela de conhecimento) necessária para completar a figura. A dificuldade é que cada parte da informação, cada peça, tem de ser única, independente e ter sentido. Isso complicou a prática do Jigsaw, que passou a precisar de um funcionamento específico de materiais. A técnica de quebra-cabeça apresentada na narração baseia-se no Jigsaw II, desenvolvido por Robert Slavin (1986). O agrupamento dos diferentes membros da equipe em grupos de especialistas, que com freqüência trabalham com textos, faz com que essa técnica seja prática e é fácil de usar.

FICHA DIDÁTICA

QUEBRA-CABEÇA

- O próprio título da narrativa ironiza sobre o uso do adjetivo "perito" para se referir ao domínio dos alunos sobre uma determinada temática, depois de tê-la trabalhado em grupo e compartilhado com os colegas da equipe. Alguns autores, em vez disso, utilizam o termo "especialista". Na verdade, trata-se apenas de usar um conceito que destaque a vantagem que os alunos obtêm naquele conteúdo – e só naquele – com relação aos seus colegas de equipe. O fato de que inclusive alguns alunos com mais necessidade de ajuda, como Ibrahim, no caso da narração, possam transformar-se em peritos reforça o sentido de igualdade de oportunidades naquilo que contribui para o sucesso da equipe.

QUEBRA-CABEÇA

Nome

Quebra-cabeça, mosaico ou puzzle (Jigsaw II).

Métodos afins

Jigsaw (Elliot Aronson et al., 1978), *Jigsaw III e STAD (Student Team Achievement Divisions).*

Composição da equipe

A seqüência do quebra-cabeça exige dois tipos de agrupamentos: a *equipe-base* ou habitual (heterogênea) e o *grupo de especialistas* (homogêneo). Ao criar o primeiro, o/a professor/a tentará garantir o maior grau possível de heterogeneidade (nível de competências, interesses, gêneros, etc.). Para maior efetividade, essas serão as equipes de trabalho habituais; a estabilidade no tempo é o que permite que a equipe tenha identidade e habilidades suficientes para que seu trabalho dê frutos. Os grupos de especialistas podem ser formados em função de um critério homogêneo que pode variar em cada ocasião: interesse pelo tema em que se especializarão, preferência pelo formato em que a informação será apresentada, etc. Pode ser interessante que cada grupo de especialistas tenha de realizar atividades de diferentes níveis de dificuldade para que possamos distribuir os alunos em função de suas capacidades ou da necessidade de ajuda que precisam por parte do/a professor/a.

Descrição

A partir das atividades realizadas no grupo de especialistas, o/a aluno/a passa a conhecer uma parte dos conteúdos (peça do quebra-cabeça) que deverá apresentar à sua equipe habitual. A contribuição de cada membro especialista é imprescindível para que a equipe domine a lição (resolva o quebra-cabeça). A avaliação (individual, mas com nota comum) reforça a interdependência e motiva os componentes do grupo.

FICHA TÉCNICA DO MÉTODO COOPERATIVO

QUEBRA-CABEÇA

Etapas de aplicação

1. O professor divide os alunos em equipes-base (grupo heterogêneo) de três a cinco membros cada uma. Como esta pode ser a equipe habitual de trabalho na sala de aula, é conveniente que tenha um nome que a ajude a reforçar sua identidade.
2. Cada membro da equipe passa a fazer parte de um *grupo de especialistas* que deve aprender uma parte da unidade. Assim, o/a professor/a divide a informação da unidade em partes proporcionais ao número de membros que há na equipe-base. Dessa maneira, se a equipe é formada por quatro alunos, a unidade será dividida no mesmo número de partes e cada membro fará parte do grupo de especialistas de acordo com o tema correspondente.
3. No grupo de especialistas, cada aluno deve preocupar-se com o fato de que seus colegas consigam ser especialistas no tema com que trabalham. Isso se consegue com a ajuda de uma *folha de atividades* elaborada pelo/a professor/a, que deve seguir o seguinte modelo:

- fontes de informação (por exemplo, o que deve ser lido);
- atividades que devem ser resolvidas em grupo (deve ser um número de atividades que facilite a divisão do trabalho);
- partilha para verificar e refletir sobre as respostas;
- planejamento do que será exposto à equipe-base (idéias principais, recursos, verificação da compreensão, etc.);
- prática ou ensaio da explicação.

4. *Retorno à equipe-base.* Cada aluno/a explica aos outros membros de sua equipe a parte em que se especializou. O/A professor/a controla o tempo e o ritmo das explicações e ajuda os alunos que tiverem mais necessidade de auxílio. Quando um/a aluno/a não entende a exposição de um/a colega, pode-se estabelecer um tempo adicional. Por vezes, pode ser recomendável que o/a professor/a conclua essa etapa com algum comentário geral que permita esclarecer dúvidas, ampliando ou exemplificando os conteúdos trabalhados.
5. *Teste individual.* O/A professor/a propõe um teste com perguntas relativas a cada âmbito de especialização, no qual, com freqüência, inclui-se alguma pergunta geral que relacione os temas e permita averiguar o grau de compreensão. Esse teste pode ser co-avaliado pelos alunos das outras equipes, mas a nota individual sempre será comparada com a média dos testes individuais anteriores, para avaliar o progresso pessoal do/a aluno/a e ele/a obter uma melhor nota.

QUEBRA-CABEÇA

6. *Reconhecimento de equipe*. As diferentes melhores notas dos membros da equipe são somadas e comparadas com as médias anteriores. A equipe (nunca o/a aluno/a) que tiver melhorado mais obterá um reconhecimento da turma. Reiteramos que a nota é a mesma da equipe (para reforçar a interdependência), ou seja, valoriza-se o progresso da equipe, e não a concorrência entre os alunos.

Indicações

O método do quebra-cabeça, com todas as suas variantes e combinações, pode ser aplicado a qualquer disciplina e nível. Precisa-se apenas dividir a unidade didática em subcapítulos de importância equivalente para que cada membro do grupo reconheça a importância de sua contribuição para o grupo. Portanto, o único requisito é dispor de materiais (textos, com freqüência) para cada grupo de especialistas. O quebra-cabeça pode abrir um bloco de trabalho com outras técnicas, como o grupo de pesquisa: quando o grupo dispõe dos conhecimentos básicos sobre o tema, começa a aplicá-lo em um projeto.

Orientações

Entre outras coisas, a motivação está ligada à possibilidade de ensinar aos colegas do grupo a parcela da unidade que se domina. Como na tutoria entre iguais, é fundamental preparar essa explicação e orientar (ou ajudar diretamente) os alunos necessitados. Também é preciso prever o que deve ser feito em caso de ausência de algum/a aluno/a, problema que pode ser resolvido dispensando-se os membros do grupo naquela sessão. O número de alunos nos grupos de especialistas varia em função do número de alunos que houver na sala e do número de membros da equipe-base. Assim, por exemplo, deve haver pelo menos 4 alunos para que os grupos de especialistas trabalhem em pares; se dispusermos de 28 alunos, haverá 7 grupos; se forem 32, podemos separá-los em 8 grupos.

REFERÊNCIAS BIBLIOGRÁFICAS

ARONSON, E., y PATNOE, S. (1997): *The jigsaw classroom*. New York: Longman.

BARNETT, L. (1995): «El aprendizaje cooperativo y las estrategias sociales», *Aula de innovación educativa*, nº 36 (marzo), p. 67-69.

QUEBRA-CABEÇA

CLARKE, J. (1994): «Pieces of the Puzzle: The Jigsaw Method», en S. SHARAN: *Handbook of cooperative learning methods*. London: Praeger.
GERONÈS, M.L., y SURROCA, M.R. (1997): «Una experiencia de aprendizaje cooperativo en educación secundaria», *Aula de innovación educativa*, nº 59, p. 49-50.
KAGAN, S. (1992): *Cooperative learning*. San Juan Capistrano: Kagan Cooperative Learning.
SLAVIN, R. (1995): *Cooperative learning*. Massachusetts: Allyn and Bacon.
STAHL, R.J. (1996): *Cooperative learning in Sciencie. A handbook for teachers*. Menlo Park, CA: Adison-Wesley Pub. Co.

Algumas reflexões

- Nos comentários sobre a narração, foi dito que a aprendizagem cooperativa é um conteúdo funcional para o mundo do trabalho. Na formação dos professores, você considera que aprender a trabalhar em grupo é necessário para o desenvolvimento profissional?
- Se temos 28 alunos em uma turma, organizados em sete grupos de quatro alunos, é fácil supor que podemos criar quatro grupos de especialistas de sete alunos. Esta é uma cifra ideal para explicar a técnica do quebra-cabeça, mas depende do acaso. Como você aplicaria essa técnica em uma sala em que todos os grupos são de quatro alunos e dois são de cinco?
- Nós, educadores, sabemos muito bem que não existe homogeneidade dentro de um grupo. Cada aluno/a é diferente dos demais. De qualquer forma, podemos falar de homogeneidade em função de um ou dois critérios. Em que sentido dizemos que o grupo de especialistas é homogêneo e o grupo habitual é heterogêneo?

Sugestões de trabalho com os alunos

Maremagnum explica o que é o trabalho em equipe (ou cooperativo) com base na interdependência positiva: "O sucesso do grupo depende de você e você depende do êxito do grupo. Entendeu? É como no basquete; não basta um jogar bem se os outros não acompanham; o que vale é a equipe...". Mais tarde, ele diferencia o trabalho em grupo do trabalho em equipe ou cooperativo. Você poderia compará-los em um quadro? A seu ver, o trabalho em equipe é um subgrupo do trabalho em grupo? No trabalho em equipe (cooperativo), é possível um membro não participar, como costuma acontecer no trabalho em grupo?

5

A meu Amigo (ou Amiga)

Jogo de Papéis

Hoje temos reunião de encarregados do ensino de um mesmo nível. Na verdade, a idéia de compartilhar a tutoria do grupo-classe entre dois professores oferece muitas oportunidades. Os pares de tutores podem planejar, executar e avaliar conjuntamente sua atuação para o momento da tutoria. Além disso, nas reuniões de nível as atividades são coordenadas e avaliadas. Na sessão anterior, os tutores concordaram em preparar um debate sobre a sexualidade em suas respectivas classes. Entretanto, se pudessem ver as fisionomias de Pedro, Henrique, Oriol, Margarida, Toni e Luísa, descobririam que o resultado não foi muito animador. Hermínio, o psicopedagogo da escola, que está coordenando a reunião, introduz o tema:

- Bem, vamos começar? Temos de analisar como foram os debates sobre o homossexualismo nos diversos grupos. Aparentemente, como alguns comentaram, a coisa não deu muito certo...
- Sim, e não é preciso recorrer a eufemismos! – exclama Pedro. – Foi um verdadeiro desastre. Acho que, depois da discussão, os que consideravam que os homossexuais eram pervertidos agora estão ainda mais convencidos disso.
- Eu – comenta Henrique – continuo pensando que a idéia de fazer um debate é boa, mas, pelo menos no nosso grupo, as discussões em seguida se polarizaram e assim fica muito difícil os alunos aprenderem a adotar as intenções e os sentimentos de outras pessoas.
- E para vocês, Oriol, Margarida, como foi?
- Em nosso caso – responde Margarida – foi ainda pior... Nem mesmo houve discrepância. Logo no início, alguns começaram a fazer comentários supermachistas, supostamente engraçados, e depois não foi possível retomar o debate com seriedade.
- Bem – interrompeu Oriol, que compartilha a tutoria com Margarida –, na verdade, minha leitura não é assim tão negativa. Parece-me que se trata

de uma questão que muitos já superaram e, por isso, acabaram com a seriedade do tema com algumas brincadeiras e piadinhas que todos nós já devemos ter contado alguma vez.

Todos olham para Oriol. Com freqüência, ele tende a relativizar o comportamento dos alunos, com razão. No entanto, desta vez não parece convencer seus colegas. Pedro diz claramente:

- Bem, o que eu acho é que tornar frívola essa questão, considerar que se trata de um conflito superado ou de um problema social menor também são formas de manifestar um comportamento intolerante com os homossexuais.
- Não precisa exagerar...
- Oriol, vamos ser francos! – replica Margarida. – Nossa atuação no debate não foi a mais acertada. Quando Maremagnum disse que todas as lésbicas são feias e desarrumadas e que ficavam juntas porque não tinham alternativa, você mesmo deu uma risadinha...
- Sinto muito, não pude conter-me, o Humberto Maremagnu é muito engraçado explicando as coisas e, além disso, o comentário era insignificante...
- Sim, tudo pode parecer insignificante: fazer uma brincadeira machista, escrever sempre nas programações "o professor" e nunca "a professora", usar o gênero masculino para as coisas boas e o feminino para as ruins... – Luísa respira profundamente e continua: Tudo parece insignificante, mas se fosse somado evidenciaria uma única mensagem: ainda existe uma discriminação cotidiana e persistente nos assuntos de gênero.
- Olhem só! Estão me acusando de machista só porque dei uma gargalhada? Já nos conhecemos há muito tempo e vocês sabem muito bem qual é minha posição a esse respeito!
- Oriol tem razão – comenta Toni, calado até o momento. – Além disso, Luísa, você mesma tem um amplo repertório de piadinhas sobre homens. Eu as aprendi de você: "Sabem o que faz um neurônio na cabeça de um homem? Eco".
- Ah, ah! – ri Henrique, o único que acha a piada engraçada. – E sabem por que as mulheres, sempre que....
- Desculpe, Henrique – interrompe Hermínio –, mas não me parece que este seja o momento mais oportuno para contar esse tipo de piadinhas... E quanto a você e Pedro? O que pensam que aconteceu com o debate do grupo de vocês?
- Também acho que nossa atitude não contribuiu muito para gerar um verdadeiro diálogo sobre a questão, para ouvir argumentos e tentar encontrar os diferentes pontos de vista existentes...

- E a culpa foi minha, certo?
- Não sei por que você diz isso, Pedro.
- Claro que sabe! Você acha que o fato de eu ser homossexual propiciou a divisão do grupo e a polarização das opiniões...
- Bem, se você quer falar disso, podemos falar... – replica Henrique, ante o olhar atento dos demais tutores, que presenciam uma reunião mais agitada que as usuais. – Não foi o fato de você ser *gay* que distorceu o assunto, mas o fato de você tomar partido logo no início do debate e fazer uma espécie de apologia ao movimento *gay*.
- Não fiz nenhuma apologia! Simplesmente tentei explicar a eles de onde viemos, a repressão que sofremos e que atualmente as coisas continuam sendo muito difíceis para nós.
- Acho que está esquecendo algo importante, Pedro: você sabe muito bem que os alunos o consideram exigente demais em sua matéria...
- Sim, vocês já sabem que eu penso que, com a Reforma, a preparação que lhes damos é cada vez mais *light*. Mas e daí? Isso não tem nenhuma relação com... com o debate...
- Mas é claro que sim! Muitos deles pensam que você é o terror da escola e acho que, consciente ou inconscientemente, aproveitaram a oportunidade para atacar você, ou para atacar os *gays*...
- Você está insinuando que não se trata de uma questão de discriminação, porém de algo relacionado exclusivamente comigo?
- Desculpem – Toni interrompe o *tête à tête* –, mas vocês poderiam dizer o que os alunos fizeram?
- Por exemplo – respondeu Pedro –, eles disseram que os homossexuais também são intolerantes e não permitem que os heterossexuais freqüentem seus locais de diversão e que alguns aproveitam sua condição para conseguir determinados trabalhos, porque está na moda ser *gay*...
- Sim, e nesse ponto você perguntou: "Vocês têm a cara-de-pau de afirmar que existe uma discriminação positiva com relação aos *gays*?". Bela forma de ficar neutro...
- Desculpe, mas achei que era uma boa oportunidade para introduzir um conceito interessante na discussão. A discriminação positiva...
- Pedro, não se zangue – interrompeu Margarida –, mas você tem de admitir que, em algumas questões, mostra-se um pouco beligerante e dogmático. Especialmente neste...
- Só me falta isso! Claro que sou beligerante! E radical também! Durante muitos anos tivemos de nos esconder, dissimular nossos sentimentos, suportar provocações ouvindo histórias de nazistas homossexuais que torturam suas vítimas ou de sádicos depravados que abusam de menores... A história ensina que, para fazer valer nossos direitos, não podemos baixar a guarda...

– Nisso estou de acordo – manifesta Luísa. – Nós, feministas, também somos freqüentemente acusadas de radicais e intolerantes. Mas esta é a única forma de sermos escutadas. E mesmo assim, como já disse, dia a dia comprovamos que os avanços que obtemos são mínimos...
– Então nós, fumantes – acrescentou alegremente Oriol –, também deveríamos denunciar a perseguição que sofremos e fumar em todas as partes de forma militante.
– Mas você não pode colocar tudo no mesmo saco – interrompe Luísa, incomodada.
– Estão vendo? – insiste Oriol. – É a mesma atitude transcendental que tinham os cavaleiros nas Cruzadas, quando iam libertar a Terra Santa dos muçulmanos...
– Pedro, deixando de lado o sarcasmo – disse Toni, aludindo a Oriol –, considero sinceramente que com esta atitude consegue-se o contrário do que se busca: os alunos a identificam com posições de força, autoritárias e impositivas. E alguns reagem mal a isso.
– Bem, com licença – intervém Hermínio –, não acham que nós também estamos polarizando a discussão? Talvez fosse melhor, antes de lidar com a questão nas tutorias, que revíssemos nossas atitudes e concepções.
– É isso aí, você colocou o dedo na ferida! – exclama Luísa. – Você tem toda a razão. Alguns de nós, de forma mais ou menos consciente, ainda conservamos posições e atitudes totalmente machistas que deveríamos analisar.
– E outros – ataca Oriol – parecem incapazes de escutar e tentar entender outras perspectivas, que é o único caminho para produzir mudanças significativas naqueles que estão aprendendo...
– As posições são claras: alguns acreditam que se deve assumir uma opção determinada que não pode ser discutida; outros consideram que nesse tema não existe uma verdade absoluta e que seria preciso verificar as concepções e idéias prévias dos alunos.
– Muito bem, Hermínio! Boa definição. E agora? Como podemos encontrar um caminho que nos permita compartilhar as tutorias respeitando ambas as posições?

Todos os olhares concentram-se em Hermínio. Muitas vezes, parece que o coordenador da reunião deve ter respostas para tudo:

– Parece-me que uma técnica de *role-playing* poderia ser útil neste momento.
– E o que é isso?
– Você se refere ao jogo de papéis, não é? Essas cartas com as quais os alunos brincam, em que há personagens com diversas características e que às vezes eles interpretam na vida real, provocando brigas nos grupos ou cometendo algum disparate.

– Não tem nada a ver com isso. Trata-se de um método de trabalho em grupo que costuma ser utilizado quando há estereótipos ou preconceitos muito arraigados, atitudes sociais díspares ou divergentes. Consiste no seguinte: diante de uma situação conflituosa verossímil, cada participante deve agir e falar como um personagem prototípico.
– Não entendi muito bem – confessa Pedro. – Se cada um defende o ponto de vista de um personagem que pensa como ele, acho difícil provocar uma mudança de atitudes.
– O que acontece é que as pessoas não defendem seu próprio ponto de vista, mas o do personagem que devem representar, estejam ou não de acordo...
– Você está sugerindo que algum aluno contrário ao homossexualismo pode representar um *gay*...? E quem decide que personagens aparecerão e que pessoas deverão representá-los?
– Podemos pensar em uma situação bastante relevante da vida real e definir alguns personagens representativos que serão sorteados entre os estudantes. Depois, cada um teria tempo para estudar seu papel, a maneira de pensar de seu personagem, suas opiniões, inclusive seu jeito de ser, de falar, de gesticular... Em suma, é como colocar-se na pele de um personagem para ser capaz de comportar-se de modo verossímil durante a representação.
– Gostei da idéia – comenta Margarida. – Enquanto esses papéis são representados, podem surgir idéias e reflexões que os ajudem a se conscientizar de seus valores e atitudes ao compará-los com os valores e as atitudes manifestados por diversos segmentos sociais.
– Precisaríamos – continua Hermínio – partir de alguma situação de conflito que provoque um dilema no qual possam aparecer posições antagônicas...
– E se usássemos o roteiro do filme *Filadélfia*? Poderíamos passar o filme na hora da tutoria para introduzir o tema – sugere Luísa.
– Bem, mais que na questão da Aids, que é muito dramática e extrema, talvez pudéssemos nos centrar no fato de que pretendem demitir alguém por causa de suas opções sexuais.
– Não gosto de falar de opções sexuais quando nos referimos a pessoas. Será que também não são opções afetivas, emocionais? Ou as pessoas do mesmo gênero só podem se relacionar através do sexo?
– Pedro – interrompe Hermínio para reconduzir a conversa –, acho que estamos entrando em certas discussões... Vamos deixar a resposta para a atividade?
– A demissão sem justa causa é um bom assunto – afirma Margarida –, mas teríamos de situá-la em um tipo de trabalho em que o fato de ser *gay* poderia prejudicar a imagem da empresa ou repercutir em seus benefícios.

- Bem, isso não será nada difícil – exclama Pedro –, porque os homossexuais são considerados suspeitos em um grande número de postos de trabalhos, quando não são abertamente rejeitados: na advocacia, na medicina, no exército...
- É, na pediatria, por exemplo. Quantas pessoas levariam seus filhos ao pediatra sabendo que ele é homossexual? Porque se tolera, até certo ponto, que os homossexuais sejam cantores, pintores, dançarinos ou *maîtres*, mas que tenham contato com nossos filhos...
- Parece que já temos o tema, não? – comentou Hermínio, buscando a cumplicidade do grupo de tutores. – Certo, agora teríamos de definir minimamente os papéis de cada um.
- Se cada tutor se encarrega de metade da turma, ou seja, de uns quinze alunos, teremos de criar muitos personagens, não?
- Sim, já tinha pensado nisso – responde Hermínio. – Uma solução poderia ser esta: enquanto alguns discutem, os outros analisam a atuação dos colegas para depois comentá-la. Em uma segunda rodada, os que foram observadores podem representar e vice-versa.
- Estava pensando – sugere Margarida – que poderíamos aproveitar para trabalhar a expressão oral e os textos argumentativos; saber falar em público e ser capaz de defender o próprio ponto de vista também é um dos objetivos do plano de ação tutorial.
- Ótimo! – exclama Toni. – A coisa está começando a ficar legal!
- Bem, não quero ser desmancha-prazeres, mas, se os debates não saírem do jeito que queremos, será que essa atividade não se tornará ainda pior?
- E por que não ensaiamos? – propõe Hermínio para avançar um pouco mais. – Assim poderíamos antecipar alguns argumentos que podem aparecer, verificar se a situação e os personagens vão permitir um jogo adequado, prever possíveis dificuldades...
- Agora mesmo? – surpreende-se Oriol.
- Por que não? Não vamos pedir que nossos alunos façam isso no próximo dia da tutoria? – responde Pedro.
- Tudo bem, mas qual seria a situação concreta? Que cena vamos ter de representar?
- Por exemplo – explica Henrique, como se tivesse recebido uma inspiração divina –, o diretor do hospital pede que nosso pediatra vá até seu escritório. Quando ele chega lá, encontra outros personagens do hospital que o estão esperando. Alguns deles são seus amigos e outros são pessoas com as quais não se entende muito bem. O diretor comunica que recebeu a denúncia de uma mãe que acusa o pediatra de abusar de seu filho durante uma consulta. Por isso, solicitou a presença e a opinião de outros funcionários do hospital para decidir se vai iniciar um processo que pode resultar na demissão do médico.

- Portanto – complementa Toni –, os personagens seriam: o pediatra *gay* acusado, o diretor do hospital, a mãe do menino que supostamente sofreu abuso...
- Somos sete, faltariam outros quatro personagens...
- Se estiverem de acordo – comenta Hermínio –, preferiria não participar e ficar na posição de observador, pois não sou tutor. Acho que poderiam eliminar a mãe, pois seria estranho que ela estivesse presente em uma reunião de profissionais em que se avalia a conduta de um colega.
- Tudo bem, mas ainda ficam faltando quatro pessoas... Poderíamos representar, por exemplo, o responsável pela unidade de Pediatria e alguma enfermeira...
- Ou enfermeiro – sugere Luísa.
- Claro, enfermeiro... Poderíamos incluir um enfermeiro e uma enfermeira e, assim, teríamos cinco personagens; se acrescentássemos outro médico ou médica amiga do pediatra, já teríamos seis personagens.
- Para equilibrar a discussão – acrescenta Toni –, poderíamos criar dois ou três personagens contrários ao pediatra acusado e outros dois ou três defensores de sua inocência, tudo bem?
- Se meus cálculos não falham, teríamos como personagens desfavoráveis o diretor do hospital e um dos enfermeiros e, como favoráveis, outro enfermeiro, um colega e o chefe da Pediatria.
- Eu – sugere Toni – colocaria o chefe da Pediatria em uma situação mais neutra... E ele também não pode enfrentar diretamente o diretor do hospital, não é mesmo?
- Então, resta apenas distribuir os papéis e dar-nos algum tempo para definir nossos perfis.

A seguir, Hermínio escreve o nome de cada um dos personagens em um pedacinho de papel e coloca-os em um envelope. Depois, cada tutor retira um dos papéis.

- Nossa, vou ser o mais importante: o diretor do hospital! – exclama Pedro.
- Claro, quem nasceu com sorte... – brinca Henrique.
- Você acha que não vou dar conta do papel? Os homófobos estão na ordem do dia!
- Eu vou ajudar – comenta Henrique. – Sou a enfermeira que sempre ajuda o diretor!
- E eu sou o pediatra – alegra-se Oriol. – Adorei! E vocês?
- O chefe da unidade de Pediatria! Que horror, detesto ficar neutro! Alguém quer trocar de papel comigo?
- Sinto muito, Luísa – responde Hermínio –, mas nessa técnica cada um tem de ficar com o papel com o qual foi sorteado.

- E eu sou o outro pediatra, o amigo do acusado – diz Margarida.
- E eu sou a enfermeira que apóia Oriol...
- Bem, você apóia o pediatra acusado, Toni, porque nunca me apoiou...
- Não se irrite tanto, certo? – brinca Toni.
- O que vocês acham de dedicarmos cinco minutinhos para definir os personagens? Os alunos poderão precisar de mais tempo ou ter alguma orientação...

Seguindo a indicação de Hermínio, os tutores preparam seu respectivo personagem e, depois, inicia-se o jogo de papéis. Em seu papel de pediatra acusado de abusar de um dos pacientes, Oriol bate à porta do escritório improvisado do diretor de um suposto hospital:

- O senhor mandou me chamar?
- Entre, por favor – responde Pedro, representando seu papel. – Como pode ver, chamei algumas pessoas do departamento para esta reunião... Já conhece todo mundo, não preciso apresentá-lo... Portanto, vamos diretamente ao que interessa, doutor. Ocorreu um fato muito desagradável: a mãe de Fulaninho, que foi atendido pelo senhor na semana passada... Sabe de quem estou falando?
- Sim, claro, Fulaninho, um menino de oito anos em quem fiz um exame de rotina, sem encontrar nada anormal...
- Exatamente. Acontece que a mãe desse menino veio denunciar que o senhor se aproveitou do paciente quando ficou sozinho com ele.
- Eu? Mas o que é isso?
- Não o estou acusando de nada, só estou repetindo o que a mãe afirma.
- Senhor diretor – indigna-se Toni –, há mais de cinco anos trabalho como enfermeira junto com o doutor e sou testemunha de que ele sempre respeitou todo mundo...
- Em algum momento da consulta o doutor ficou sozinho com o menino? – pergunta o suposto diretor à "enfermeira" Toni.
- Sim, tive de atender uma ligação telefônica.
- Mas, se estava sozinho, como é que a mãe alega que ele passou dos limites com o menino? – pergunta Margarida ao diretor.
- Ela jura que o viu através da porta entreaberta.
- Enfermeira, diga-me uma coisa – insiste Margarida –, sem querer ser indiscreta, de quem era essa ligação que teve de atender naquele momento?
- Na verdade, foi uma ligação muito estranha... Fiquei esperando uns cinco minutos, pediram que eu esperasse que alguém iria falar comigo. Porém, depois desse tempo todo, desligaram.
- Não poderia ser uma armadilha para culpar o doutor? – pergunta Margarida.

– Não temos provas disso – responde o diretor taxativamente.
– Bem, na verdade também não temos provas do contrário – acrescenta Luísa, em seu papel neutro. – Então, senhor diretor, é a palavra da mãe contra a do doutor...
– Bem, eu não queria intervir – interrompe Henrique –, porque sempre é desagradável acusar um colega de trabalho, mas já ouvi vários boatos sobre o doutor.
– É mesmo? Que tipo de boatos? – pergunta Luísa, chefe da Pediatria, interessada.
– Todos nós conhecemos as opções sexuais do doutor, e alguns pais já demonstraram sua preocupação...
– Mas não estou entendendo – deseja esclarecer Margarida. – Está afirmando que já houve outras denúncias?
– Não, denúncias formais, não, por enquanto, mas...
– Como se atreve? – indigna-se Toni, de enfermeira para enfermeira.
– Agora é minha vez de falar! No departamento, todos sabem que o doutor teve de chamar sua atenção mais de uma vez por não fazer as coisas na hora em que devem ser feitas e por criar problemas com os pacientes sem qualquer motivo. Você está só tentando se vingar!
– Claro! – replica a "enfermeira" Henrique. – Você o defende porque pertence ao mesmo clube... Vocês todos se defendem entre si...
– Que está insinuando? Que sou lésbica? Olhe, não sou, mas se fosse poderia falar com a mesma autoridade com que falo agora.
– Por favor, tentem não extrapolar seus papéis – recomenda Pedro, em seu papel autoritário. – O senhor, como chefe do departamento de Pediatria, já havia recebido alguma outra queixa ou denúncia?
– Bem, já tinha ouvido alguns comentários sobre o homossexualismo do doutor e soube também que alguns pais, ao saberem disso, optaram por não trazer de novo seus filhos...
– Mas isso não tem nada a ver – explica Margarida. – Gostaríamos de saber se houve outras denúncias por abuso...
– Não, isso não. Nenhuma denúncia.
– De qualquer modo, vocês podem compreender que, se houver a menor suspeita, minha obrigação como diretor é zelar pela boa imagem do hospital...
– Senhor diretor – interrompeu Margarida –, gostaria de lembrá-lo que este não é um episódio muito raro na nossa profissão. Por exemplo, há cerca de dois meses, eu estava auscultando uma menina quando uma mãe, em uma reação totalmente imprevisível, me empurrou e a levou embora me acusando de ser um porco... O chefe do departamento, que foi pediatra durante muitos anos, pode confirmar que isso não é tão pouco freqüente assim...

- Bem, é verdade que algumas vezes os pais podem reagir dessa maneira, mas em geral são pessoas de famílias com um nível cultural muito baixo ou que pertencem a outras culturas ou etnias – respondeu Luísa.
- Mas este caso é diferente! – exclamou Henrique, em seu papel de enfermeira homofóbica. – Estamos falando aqui de contatos entre pessoas do mesmo sexo!
- Como? – pergunta Margarida, muito bem em seu papel. – Não posso acreditar! Está dizendo que o caso que estamos julgando é pior que o outro só porque aqui o acusado é homossexual?
- Pois já que me obriga a dizer isto, sim. No fim das contas, o homossexualismo é uma doença e, com certos "toques", podemos estar favorecendo essas tendências entre as crianças. Podemos contagiá-las...
- Mas isso é demais! – interveio Pedro, como seu personagem nunca faria. – Você acabou de dizer um despropósito! E você, Oriol, qual é? Você poderia dizer alguma coisa para se defender, cara!
- Calma, Pedro – interrompeu Hermínio. – Não sei se você percebeu, mas acabou de esquecer seu papel!
- Sim, desculpem... não consegui resistir.
- Sinto muito, Pedro – desculpa-se Henrique. – Você sabe que o que eu disse não corresponde ao que penso.
- Claro, você só estava representando muito bem seu papel... Mas tenho sérias dúvidas sobre esta técnica. E se algum dos alunos faz um comentário semelhante a este e ninguém dá uma resposta contundente? Não corremos o perigo de que eles fiquem com a monstruosa idéia de que os homossexuais são uma espécie de vampiros que podem infectar as pessoas "normais"?
- Acho que isso não vai acontecer – responde Oriol. – Justamente, meu personagem, o pediatra acusado, não precisou defender-se, pois outras pessoas assumiram essa função.
- Sim, mas acho que o Pedro tem razão – esclarece Hermínio. – Em atividades muito abertas e participativas como esta, corre-se o perigo de que os alunos possam adquirir concepções errôneas. Para evitar isso, o papel dos tutores durante as sessões do jogo é fundamental. É imprescindível que os tutores coletem as diferentes idéias e argumentos que apareceram e os classifiquem, diferenciando quais deles são puramente homofóbicos ou sexistas, quais são crenças populares sem nenhuma base científica e quais podem ter base científica.
- Portanto, temos de tomar partido, como dizia Celaya, *hasta mancharse** – esclareceu Pedro.

* N. de T. Gabriel Celaya, poeta espanhol: *Tomar partido hasta mancharse* (tomar partido até manchar-se).

- Realmente, a possibilidade de que *gays* e lésbicas se expressem livremente não pode ser uma questão questionável; é um direito e ponto – declara Margarida com veemência. Mas também temos de zelar para que nossos alunos expressem livremente seus pontos de vista, sobretudo seus preconceitos e mal-entendidos. Porque este é o único caminho que existe para modificá-los de forma significativa e profunda.
- Você tem razão – reconhece Pedro. – Por vezes eu me entusiasmo e, como vocês já disseram, certas reações viscerais podem ser contraproducentes. Vou tentar mudar.
- Bem, finalmente você dá o braço a torcer! – brinca Oriol, segurando o braço do amigo.
- Oriol, não gosto mais de você – responde Pedro, com voz de criancinha.
- Está vendo? Você não atrai mais nem os.... – comenta Henrique.
- Diga, não se reprima: os veadinhos...
- Desculpe, Pedro, era só uma brincadeira... – retifica Henrique.
- Mas era disso que estávamos falando, não? Primeiro, preferimos ser chamados de *gays,* embora eu prefira que vocês me chamem de Pedro; segundo, os *gays* não são mais promíscuos que o resto das pessoas e, embora isso possa surpreendê-lo, também temos critérios estéticos e, portanto, de maneira alguma gostamos de todos os homens.
- Henrique meteu os pés pelas mãos – interrompe Oriol –, mas também não vamos exagerar, cara...
- Você acabou de dizer: *cara*. Eu sou um *cara,* um homem. Um homem que, na hora de procurar uma pessoa para compartilhar sua vida, prefere outro homem.

Todos permanecem em silêncio. Hermínio arruma os papéis e, antes que ele diga algo, Henrique intervém:

- Pedro, desculpe-me se fui ofensivo.
- Tudo bem, já esqueci... Além disso, quero que você saiba que sempre gostei muito de você. Um dia poderíamos sair para jantar e quem sabe...

Henrique e o resto dos tutores ficam parados, sem saber o que fazer. “Que reunião tivemos hoje”, pensa Toni. De repente, Pedro joga um beijinho para Henrique, que só então percebe que o amigo estava fazendo uma piada com ele. Rindo, os dois empurram-se amistosamente e o resto do grupo também começa a rir enquanto pegam suas coisas. Hermínio finaliza a reunião:

- Encerra-se a sessão! – brinca. – Na semana que vem, nós nos reuniremos de novo para comentar o resultado dos do jogo de papéis.

No dia seguinte, como faz todas as manhãs, Pedro verifica se há alguma mensagem no seu e-mail. A uma hora da manhã, Henrique havia-lhe enviado o seguinte texto:

Estou enviando esta poesia de Mario Benedetti que exprime meus sentimentos melhor do que eu poderia fazê-lo. O título original é "À minha amiga", porém permiti-me a licença literária de mudar a última letra.

A meu amigo

Estou orgulhoso e feliz
de ser seu amigo
Amo você, e você merece
que o ame muito mais.

Em você não há necessidade de explicações.
Você errou? Não importa.
Aproveite a experiência
e retifique o caminho.
Não estou aqui para julgar seus atos,
mas sim para entender suas razões.

Viemos ao mundo
para compartilhar a
vida.

Respeito você e, acima de tudo,
você não me deve nada.

Amo você e, portanto,
você é livre.
O amor não pode ter grilhões.

(Mario Benedetti)

JOGO DE PAPÉIS

A MEU AMIGO (OU AMIGA)

Alguns comentários sobre a narração

– No início do capítulo, aparece a seguinte reflexão:

"Na verdade, essa idéia de compartilhar a tutoria do grupo-classe entre dois professores oferece muitas possibilidades. Os pares de tutores podem planejar, executar e avaliar conjuntamente suas atuações para o momento da tutoria. Além disso, nas reuniões de nível as atividades são coordenadas e avaliadas as atividades."

O *ensino compartilhado* (do inglês *partnership*) ainda é uma prática pouco recorrente entre nós. Porém, sem dúvida, apresenta muitas possibilidades. No texto, comenta-se apenas o caso da tutoria, mas o ensino compartilhado pode, e de fato deveria, estender-se à programação conjunta das diferentes áreas curriculares. A oportunidade de que dois professores que explicam a mesma matéria em séries, níveis ou inclusive em etapas diferentes programem conjuntamente uma unidade didática sobre o mesmo tema, respeitando, naturalmente, o correspondente grau de complexidade e o fato de que ambos possam assistir, de maneira alternativa, às aulas de ambos os níveis, constitui um fantástico processo de autoformação. Entre os aspectos positivos dessa proposta, destacamos os seguintes: a análise e a ajuda recíproca no tocante à própria prática docente, a melhor compreensão das dificuldades dos alunos de diversas idades, a possibilidade de otimizar a seqüenciação dos conteúdos a serem ensinados e de antecipar as ajudas pedagógicas que podem ser colocadas em prática.

– Em um determinado momento, enquanto Hermínio explica as características do jogo, Pedro expressa uma séria dúvida:

"Você sugere que alguns dos alunos contrários à homossexualidade poderia representar um *gay*...?"

A pergunta de Pedro também pode incluir outro aspecto:

"E isso vai servir para alguma coisa?"

JOGO DE PAPÉIS

Sobre a fidelidade com que uma pessoa contrária aos pontos de vista, aos comportamentos e às preferências de um personagem pode encarnar justamente esse personagem, o poder da técnica do jogo não se centra tanto na verossimilhança da atuação, mas na tendência do ator em "projetar" sua representação pessoal e, provavelmente, tendenciosa. Assim, a atuação mostra as concepções, os preconceitos e as fraquezas de cada um perante os outros, que terão a oportunidade de devolver essa imagem e, talvez, de refletir sobre isso.

Quanto à segunda parte da questão, talvez pareça ousado considerar que uma mudança profunda das próprias atitudes possa dever-se ao fato de atuar "sob a pele" de um personagem que exprime pontos de vista opostos aos que defendemos. Na verdade, quando o posicionamento do/a ator/atriz é radicalmente oposto ao de quem interpreta, é difícil ocorrerem mudanças substanciais. No entanto, se a posição não é tão extrema, as pesquisas demonstram que é mais provável que ocorra uma mudança quando há oportunidade de se participar de atividades nas quais se mantém determinados pontos de vista divergentes e há disposição de se envolver na dialética.

- Depois de Pedro ter perdido um pouco o controle ao ouvir como Henrique, por meio de seu personagem, advertia sobre o risco de "ser contagiado" pelos homossexuais, Hermínio (o psicopedagogo da escola) introduz uma reflexão em voz alta:

"Em atividades muito abertas e participativas, como esta, existe o perigo de que os alunos adquiram concepções errôneas. Para evitar isso, o papel dos tutores durante as sessões do jogo é fundamental."

As concepções ou teorias errôneas que os alunos utilizam com freqüência para entender muitos dos fenômenos que os rodeiam (sejam eles de natureza afetivo-emocional, social, relativos a acontecimentos científicos, etc.) têm sido uma constante fonte de pesquisa, especialmente nos últimos anos. Em geral, essas teorias errôneas adquirem a forma de explicações causais que são difíceis de se modificar, porque estão situadas em um nível muito pouco consciente e, por isso, pouco acessível à reflexão. Como frisa Hermínio, o papel de tutor/a ou professor/a é fundamental para garantir o surgimento de determinadas idéias e para que elas sejam analisadas de maneira argumentativa, clara e exaustiva.

JOGO DE PAPÉIS

Nome

Jogo de papéis *(role playing)*

Métodos afins

Dramatização e psicodrama.

Composição da equipe

Pode adotar diferentes formatos:

- Debate do qual participa todo o grupo-classe, dividido em dois blocos, defendendo posições antagônicas. Pode-se distribuir papéis diferentes em cada grupo, porém sempre favoráveis à mesma atitude ou tese geral. Por exemplo, dividimos a turma em defensores e detratores da integração escolar dos alunos portadores de deficiência psíquica. Depois, os alunos podem ser agrupados em subgrupos para que opinem da perspectiva de um/a aluno/a sem nenhuma deficiência, de um/a aluno/a portador/a de deficiência, dos pais desse/a aluno/a, de um/a professor/a de escola comum, de um/a professor/a de escola especial, etc.
- Discussão em grupo (pequeno, de 4 a 8 alunos), no qual são apresentadas posições divergentes, sem grandes limitações, entre defensores e detratores da uma idéia, fenômeno ou conflito, enquanto outro grupo mais numeroso observa a dinâmica estabelecida para comentá-la e avaliá-la posteriormente. Depois, o grupo de observadores passará a interpretar um papel e o grupo que iniciou o jogo ficará encarregado de observá-los e comentar a atuação. Este é o caso comentado no texto.

Descrição

Como se sabe, a técnica consiste em adotar a perspectiva de um personagem "prototípico" para defender ou criticar uma determinada tese, com a finalidade de se expressar por meio de um papel ao manifestar ou experimentar vivên-

JOGO DE PAPÉIS

cias, às vezes pessoalmente distantes, que têm a virtude de nos aproximar dos sentimentos e pontos de vista de pessoas que na vida real pensam, agem e sentem de uma maneira muito diferente da nossa.

Fases de aplicação

1. Explicação da situação problemática, como se fosse um roteiro de cinema.
2. Identificação e distribuição de papéis, esclarecendo o perfil atitudinal de cada papel a ser representado.
3. Estudo individual de cada papel.
4. Primeira rodada de argumentos feita pelos diversos personagens que intervêm. Cada participante anota os argumentos dos outros.
5. Segunda rodada de intervenções, em que cada personagem apresenta alguns contra-argumentos que lhe parecem contundentes para rebater as razões dos adversários.
6. Terceira rodada de intervenções, em que ambos têm a liberdade de discordar e discrepar, a fim de convencer os outros de seu ponto de vista pessoal.
7. Possibilidade de mudar de lado e de papel para defender o que até então era rejeitado ou criticado.
8. *Síntese* final, em que o/a moderador/a (professor/a) e os alunos coletam os principais argumentos expostos e consideram o poder de convicção dos diferentes personagens e o valor social das idéias e teses formuladas, a fim de se propor a mudar certas atitudes.

Indicações

O jogo de papéis é uma técnica que exige bom conhecimento dos personagens que devem ser interpretados (especialmente quanto mais distantes eles forem da realidade do/a ator/atriz); portanto, recomenda-se que só seja praticado a partir dos 12 anos, desde que os alunos tenham essa competência.

É particularmente indicado para tratar de questões polêmicas de caráter sócio-afetivo, mas também pode ser utilizado para consolidar conteúdos de caráter mais curricular. Por exemplo, os alunos podem constituir grupos de trabalho para elaborar conjuntamente um produto (criar um anúncio publicitário para ser divulgado na mídia) atuando e opinando a partir de diferentes

JOGO DE PAPÉIS

papéis profissionais envolvidos no processo (empresário do produto, técnico em fotografia, roteirista, editor do programa de rádio ou televisão, etc.).

Orientações

Durante o jogo de papéis, sobretudo na etapa de debate aberto, deve-se estimular a veemência e o realismo nas discussões para propiciar que aflorem determinados mitos e preconceitos, muitas vezes autocensurados, porém na verdade arraigados nas concepções e teorias pessoais.

Por outro lado, na etapa de síntese do debate, os argumentos apresentados podem ser avaliados não tanto por seu valor ideológico e moral, mas por ter sido defendidos ou interpretados pelo ator em questão com maior ou menor acerto. Nesse caso, o/a professor/a deverá estabelecer uma clara diferenciação entre ambos os aspectos: valor da interpretação (elogiando-a quando corresponda) e valor social das teses defendidas (ainda que a interpretação dos atores não tenha sido satisfatória).

REFERÊNCIAS BIBLIOGRÁFICAS

ARNAIZ, P. (1987): *Aprenentatge en grup a l'aula.* Barcelona: Graó.

BAÑERES, D. (2000): «Adolescentes y juegos de rol», *Aula de innovación educativa,* nº 89, p. 62-63.

FABRA, M.L. (1992): *Técnicas de grupo para la cooperación.* CEAC: Barcelona.

McGUINNESS, S., PUIG, E., y VERNET, E. (1996): *Drama. Tècniques teatrals per a l'ensenyament.* Barcelona: La Magrana.

PALLARÉS, M. (1984): *Técnicas de grupo para educadores.* ICCE: Madrid.

TEJADA, J. (1997): *Grupo y educación. Técnicas de trabajo y análisis.* Barcelona: Edicions Llibreria Universitária.

Algumas reflexões

- Se você quisesse colocar em prática um jogo de papéis com seu grupo de alunos, quais temas seriam os mais apropriados em sua opinião? Por quê?
- Pense em como fabricar algum material ou produto que possa ser elaborado pelos seus alunos em uma das matérias que você ensina e tente identificar

JOGO DE PAPÉIS

alguns dos papéis "profissionais" que eles poderiam interpretar. Que critérios você utilizaria para atribuir os papéis? Levaria em conta os conhecimentos e as habilidades pessoais, ou consideraria preferível que essa atribuição tivesse um caráter rotativo?

Sugestões de trabalho com os alunos

Na narração que você acabou de ler, os professores decidem utilizar a técnica do jogo de papéis (*role playing*), que consiste em representar de forma verossímil o modo como um determinado personagem lida com um problema ou conflito da vida real. Em sua opinião, é fácil falar e agir como outra pessoa? De que fator depende que essa tarefa seja fácil ou difícil? O fato de uma pessoa defender um ponto de vista contrário às próprias idéias pode ajudá-la a modificá-las? Em que ocasiões você considera que isso pode acontecer?

6

Síntese de Síntese

Grupo de Pesquisa

– Pode começar a contar, tintim por tintim e desde o início. E não tente me enganar, porque assim você pode piorar ainda mais as coisas.
– Desde o início?
– Sim. Temos bastante tempo, até chegarem os exames do laboratório... Ou prefere ser preso?
– Bem, já fazia alguns dias que os professores estavam dizendo: "Sabem que na semana que vem vamos começar o crédito de síntese?". Havia algo palpável no ar...
– Espere um pouco, *cara*! Que significa crédito de síntese?
– Não sabe? Mesmo?
– Na minha época não havia créditos, nem de síntese, nem de diástole, nem de nada... Cuidado para não bancar o espertinho!
– É um conjunto de atividades realizadas em grupos de quatro ou cinco alunos, com a tutoria de um professor, para verificar se alcançamos os objetivos das diferentes áreas. Cada série tem de trabalhar um deles, geralmente dura uma semana e gira em torno de um tema.
– Entendi, pode continuar.
– Bem, poucos dias depois de começar, já sabíamos qual era o tema: só tínhamos de pensar na relação que havia entre as diversas perguntas formuladas pelos professores. O de Língua Espanhola, por exemplo, de repente dizia o seguinte no meio da aula: "Imaginem que um amigo de vocês morreu de overdose. Escrevam uma carta para a irmã dele dizendo que sentem muito, refletindo como isso poderia ter sido evitado". O de Educação Física perguntava repentinamente: "Sabem que a maioria dos acidentes de trânsito ocorre por causa do álcool?". Portanto, o tema do crédito de síntese só podia ser um, até o mais tolo dos alunos poderia adivinhar...
– A morte?

– Não, a dependência de drogas. Era evidente. No dia em que o crédito começou, Oriol, nosso tutor de síntese, anunciou o tema, ninguém se surpreendeu. Mas a maioria ficou surpresa quando ele, depois de apresentar o tema, não nos deu uma folha com todas as atividades que teríamos de realizar em grupo, como havia acontecido nos cursos anteriores. A Júlia até perguntou, porém ele respondeu: "Não, agora vocês já estão na última série do ensino fundamental. No ano que vem, muitos de vocês farão o ensino médio e terão de elaborar um trabalho de pesquisa individual e autônomo. Por isso, agora terão um maior grau de autonomia que antes". Detesto autonomia, porque, com esse discurso, no fim das contas, a gente sempre se dá mal. Você pensa que vai poder trabalhar menos e escapar mais facilmente, mas no fim trabalhamos o dobro e sempre nos envolvemos muito.
– *Envolvimento* é uma palavra muito interessante...
– Ele nos explicou que devíamos propor diferentes tipos de drogas e escolher uma delas para formar as equipes com quatro alunos. "Depois de se dividirem em grupo, vocês terão de apresentar uma proposta de trabalho com diferentes áreas curriculares: Humanidades, Ciência e Tecnologia e Expressão. É preciso planejar uma atividade para duas matérias de cada área", disse o professor. Precisávamos obter informação sobre a substância escolhida para planejar uma campanha de prevenção e elaborar uma atuação concreta. Parecia interessante, até que ele explicou: "Vocês apresentarão o resultado desse trabalho perante um tribunal formado por um professor de cada área". Credo, um tribunal! O único tribunal que veio à minha cabeça naquele momento foi o da Santa Inquisição. Não pude evitar imaginar os integrantes do nosso grupo, depois de uma exposição desastrosa, decapitados, esquartejados e assados como frangos. Observando as nossas expressões, Oriol apressou-se a esclarecer que a exposição seria como as partilhas que fazíamos habitualmente durante a aula e que teríamos tempo para prepará-la. "Além disso, na vida, certamente vocês terão de encarar situações semelhantes e, sem dúvida, será útil terem aprendido a falar perante um tribunal...". Meus colegas são todos sérios e certinhos e logo levantaram as mãos para dizer: "Claro, quando tivermos de buscar trabalho, quando desejarmos prestar concurso para funcionário público, quando apresentarmos trabalhos de pesquisa no ensino médio ou se alguma vez formos processados...". Oriol teve de parar a avalanche de mãos voluntárias dispostas a justificar a exposição perante um tribunal e pediu para refletirmos durante um minuto sobre a droga que daria origem ao nosso trabalho. Eu tive tempo de sobra, porque há pouco tinha assistido a um programa sobre esse assunto na televisão, sobre crianças que cheiravam cola. Colocavam a cola em um saco plástico e depois enfiavam a cabeça lá dentro para aspirá-la até ficarem

chapados. Que campanha de prevenção era mais urgente que esta, sobre essa droga que afetava os mais desfavorecidos da nossa sociedade? Eu tinha dois minutos para convencer o colega que estava à minha direita, um que é chamado de Maremagnum, porque era preciso optar entre duas propostas, a dele ou a minha. Quando acabei de explicar minha idéia, ele me disse: "Cola? Você acha que a cola é uma droga só porque há garotos que a cheiram? E, se fizessem isso mascando borrachas de apagar, você também acharia que é uma droga?". Ia responder que sim, mas aquele *cara* não estava nem um pouco interessado em saber minha opinião; durante o resto do tempo, ficou explicando que a cafeína é que era um verdadeiro problema. "A maioria das pessoas, como você, nem suspeita que se trata de uma droga. E justamente por isso ela é tão perigosa... Vamos escolher a cafeína, porque se nós não fizermos isso ninguém vai se lembrar dela...". Nos dois minutos seguintes, tínhamos de debater e escolher entre a nossa proposta ou a de duas garotas que estavam ao lado. Depois de ouvirem o discurso sobre a cafeína, elas disseram que achavam muito interessante, mas a droga que elas defendiam – a heroína – era mais adequada devido ao grande número de vítimas que causava. Consciente de que, se apoiasse a heroína – como proposta de trabalho, é claro –, a cafeína, que havia eliminado minha idéia de trabalhar sobre a cola, ficaria fora da jogada, nem pensei duas vezes: "Sim, vocês têm toda a razão: a cafeína excita, mas a heroína mata". E, aparentemente, falei com tamanha convicção que tive de apresentar a proposta ao grupo-classe. Além de comentar as razões apresentadas dentro do grupo, escrevi o nome da droga no quadro. Depois de anotar todos os nomes, escolheríamos individualmente a substância sobre a qual queríamos realizar o trabalho e depois formaríamos as equipes. Supunha-se que a maioria dos alunos escolheria a droga que havia sido debatida em seu grupo, porém não fiz isso. Ao ver que nenhum dos grupos tinha proposto a cola, e considerando que a heroína era uma droga um pouco fora de moda, seduziu-me a idéia das drogas sintéticas (grande inovação!) e optei por ela. Alguém desse grupo devia estar cometendo a mesma traição que eu, porque estava faltando uma pessoa e escolheram-me.

– Ou seja, você estava fazendo um crédito de síntese sobre drogas sintéticas...
– Isso mesmo, *síntese de síntese*!

Após formar as equipes, o professor Oriol lembrou-nos do objetivo e disse que teríamos vinte minutos para elaborar um plano de trabalho...

– Quer dizer que o professor também é cúmplice?
– Cúmplice? Pode ser. Quando ele veio até nós, contamos o plano: primeiro, definiríamos as drogas sintéticas e, para isso, consultaríamos alguns livros da biblioteca e nos informaríamos em um serviço de pre-

venção às drogas... Depois, tentaríamos descobrir as possíveis razões que levam os jovens a consumir esse tipo de drogas para que a campanha estivesse relacionada às causas reais. Havíamos decidido fazer uma pequena pesquisa sem significado estatístico, só para servir de orientação. Comentamos com o professor que talvez fosse interessante falar com algum especialista, mas não sabíamos com quem. Geraldo disse que talvez fosse bom conversar com uma amiga de seu pai que é farmacêutica. Por último, elaboraríamos uma campanha de prevenção, mas ainda não tínhamos chegado a um acordo sobre a atuação concreta.

- E o professor sugeriu que vocês avançassem ainda mais?
- Sim, claro. Ele nos sugeriu uma bibliografia e um vídeo. Recomendou-nos entrevistar um assistente social sobre as causas e deu-nos o telefone dele. Sugeriu que conversássemos com o professor de Química, para conhecer a composição e as conseqüências do consumo dessas drogas, e que depois comparássemos essa informação com a da farmacêutica. Também sugeriu algumas idéias sobre a campanha: comentou que poderíamos elaborar um cartaz, uma canção, uma história em quadrinhos ou um mural.
- Só isso?
- Também pediu que elaborássemos uma lista de tópicos sobre as drogas sintéticas, que teríamos de confirmar ou não no final do trabalho. Sugeriu-nos dois tópicos: são substâncias novas e não viciam. Nós acrescentamos: são afrodisíacas, são consumidas nos fins de semana e podem ser controladas, não são proibidas legalmente e são usadas como remédios.
- Tudo isso é mentira!
- Claro! São histórias falsas que as pessoas consideram verdade. Como nós também acreditávamos, antes de fazer o trabalho.
- E o professor não sugeriu que fabricassem um comprimido...?
- Não, só mostrou que nossas atividades abrangiam aspectos de Língua Espanhola, Ciências Sociais, Ciências Naturais, Matemática e Educação Física. Recomendou que comentássemos a relação existente entre as drogas sintéticas e a música para que também houvesse alguma atividade dessa matéria. E que, diante da complexidade e da grande variedade de drogas sintéticas, nos dedicássemos a estudar o *Extasy*.
- Claro, o *Extasy*...
- Depois de esboçar o plano de trabalho, só faltava estipular prazos e pôr mãos à obra. A primeira questão nos pareceu muito fácil: tínhamos mais ou menos cinco blocos, o que coincidia com a quantidade de dias disponíveis. Magda foi bem clara: "Hoje, coleta de informação e agendamento de horário com as pessoas e instituições a visitar; amanhã, causas do consumo, pesquisa e comparação com as informações do assistente social. Na quarta-feira, composição das drogas sintéticas,

com foco no *Extasy*, conversa com a farmacêutica e talvez uma visita ao laboratório. Na quinta-feira, projeto da campanha e elaboração de uma ação concreta, mas isso ainda está muito pouco claro... E, na sexta-feira, tudo tem de estar pronto, porque teremos de preparar a exposição perante o tribunal". Com tanto trabalho pela frente, não podíamos perder tempo. O mais urgente era confirmar os contatos, mas Geraldo e Magda ofereceram-se para cuidar dessa parte. Enquanto isso, Glória e eu leríamos as fotocópias que o professor havia dado ao nosso grupo. Deveríamos selecionar aquilo que poderia ser útil para a coleta de informação. Estávamos terminando quando Geraldo nos disse: "Anotem em suas agendas: hoje, às 5 horas da tarde, entrevista com o Centro de Atendimento e Acompanhamento dos Dependentes de Drogas". "Hoje à tarde?", protestei, pois não queria perder minha tarde livre. "Sim, rapaz", respondeu Magda, "você não vê que nos atenderão no próprio dia em que ligamos? Não podemos ficar fazendo exigências". "Acho que o pessoal do Centro já havia sido avisado pela escola sobre nosso possível pedido de informação", comentou Geraldo em voz baixa; "o pessoal que vai trabalhar com o álcool também já tinha ligado e o grupo do haxixe também... Ou seja: amanhã, ao meio-dia e meia, entrevista com o assistente social e na quarta, a qualquer hora, todos vamos até a farmácia!". "Nos textos dados pelo professor há informação suficiente para começar", declarou Glória para mostrar que também havíamos feito nossa parte: "Podemos extrair informação sobre a definição, as origens, o vício, etc.". Eu optei pelas origens, que tinham a ver com alguns dos tópicos apontados por nós. Por exemplo, era mentira que essas substâncias eram novas e modernas. O *Extasy* foi patenteado em 1914 e era usado para manter os aviadores acordados durante a I Guerra Mundial. Sua venda nunca foi autorizada por ser muito tóxico. Nos anos de 1980, ele reapareceu na Inglaterra e em Ibiza. Em suma, tenta-se utilizar a química para criar novas substâncias com um efeito psicoativo semelhante ao das drogas proibidas. Ficamos surpresos com a explicação da Glória porque, embora nas fotocópias se dissesse apenas que as drogas sintéticas apresentavam inúmeras formas e cores, ela foi capaz de nos descrever algumas delas, detalhando seu tamanho e os diversos desenhos que continham.

– A Glória consome estes comprimidos?

– Foi o que lhe perguntamos! Ela não, mas duas amigas dela consomem. Na verdade, Glória propôs o trabalho sobre esse tipo de drogas justamente por esse motivo. À tarde, tendo compartilhado todas as informações e dispondo de um certo conhecimento do tema, fomos até o Centro de Dependência de Drogas. E fizemos um papel ridículo quando chegamos lá.

– Por que ridículo?

– Nós nos apresentamos e dissemos que estávamos preparando um trabalho sobre as drogas sintéticas. Quando a senhora, que se chamava Matilde, nos perguntou o que queríamos e em que podia nos ajudar, ficamos calados como múmias. Foi um vexame não ter preparado os temas ou as perguntas que queríamos fazer. Nosso silêncio parecia eterno, entreolhávamo-nos... Eu estive a ponto de dizer: "Desculpe, senhora, mas é que estamos drogados!".
– Claro, estavam parecendo tolos...
– A Glória é que nos salvou: "Sabemos o que elas são, como são e de onde provêm. E que produzem dependência, tanto psíquica, por causa dos efeitos alucinógenos, como física, pelos efeitos estimulantes. Mas a senhora poderia explicar em que consistem esses efeitos? O que as pessoas sentem quando tomam um comprimido?". Eu estava bastante constrangido, parecia que estávamos pedindo uma bolinha para experimentar e conhecer seus efeitos. No entanto, a senhora respondeu com toda naturalidade: "A composição dos comprimidos é tão variada, às vezes eles contêm tão pouco do que dizem conter e tanto do que não deveriam ter, ou possuem tantas misturas, que é muito difícil prever seus efeitos. Mesmo quando são utilizadas substâncias puras em testes controlados, nem sempre é possível obter as mesmas reações. Isso quer dizer que os efeitos sempre variam...". Quando começou a descrever os efeitos da droga, Geraldo e eu começamos a anotar. Taquicardia, hipertensão, tremores, cefaléias, sudorese, alucinações, hipertonia muscular nas mandíbulas... "O típico tremor na boca que se tenta disfarçar mascando chicletes", esclareceu Glória.
– Viu como ela sabia?
– E muito bem! A sorte é que ela fazia esses comentários, porque do contrário Geraldo e eu não teríamos sido capazes de entender nem a metade das coisas. O mais importante foi acabar com outro mito, o de o *Extasy* ser a "droga do amor". Sob o seu efeito, perde-se a potência sexual. Depois, Glória nos explicou as manifestações clínicas provocadas pela overdose, que pode provocar a morte repentina, e os efeitos residuais. Comentou que, em outros países, já foram realizados estudos que demonstram que as pessoas que ingeriram grande quantidade de *Extasy* ainda sofrem depressões quinze anos mais tarde. Geraldo roubou minha pergunta: "Se é assim tão ruim, por que as pessoas tomam essa droga?". "Boa pergunta", respondeu a senhora que nos atendia: "por que as pessoas se drogam? Todos os consumidores sabem que o que tomam é uma droga? Querem saber? Muitas vezes, os consumidores não acham que estão tomando drogas. A maioria das drogas está ligada a fenômenos religiosos, místicos ou cerimônias tradicionais. Em compensação, as drogas sintéticas estão mais relacionadas ao ócio e ao lazer próprios do fim de semana". Então, alguém, você já sabe quem,

acrescentou: "A discoteca, o tipo de música, a falta de comunicação...". "Exatamente", confirmou nossa entrevistada, acrescentando: "Na verdade, as drogas sintéticas são usadas para alongar a noite do fim de semana, para que as pessoas acreditem que estão vivendo no limite". Quando saímos da entrevista, rimos muito da nossa entrada triunfal e percebemos que já dispúnhamos de informação útil para a tarefa do dia seguinte: a elaboração da pesquisa sobre as causas do consumo. Portanto, no dia seguinte, pela manhã, depois de ter examinado o processo de trabalho com o professor e de ter decidido que a próxima entrevista seria gravada, começamos a preparar a pesquisa. Após comentar com o professor, percebemos que a pesquisa teria de ser anônima para garantir que os consumidores respondessem com total liberdade e, muito simples, porque de outro modo as pessoas não responderiam às perguntas. Também decidimos que teríamos de oferecer possíveis soluções, deixando um espaço em branco. Começávamos agradecendo aos nossos colaboradores e garantindo seu anonimato. Perguntávamos se eles sabiam que os comprimidos de *Extasy* eram uma droga; se os consumiam, com que freqüência e por quê; e, se não os consumiam, também queríamos saber por quê. Sugeríamos respostas como estas: "Está na moda, combina com a discoteca, dá energia, disposição, ajuda a permanecer acordado e a suportar a *disc music*...". Fizemos cópias e, após pedir licença para a professora, distribuímos em uma sala de aula do ensino médio. Depois de cinco minutos recolhemos as folhas, enquanto o grandalhão da turma nos observava com um pouco de desprezo. Primeira decepção: alguns haviam deixado a folha em branco. Segunda: alguns responderam ironicamente. Um engraçadinho dizia que consumia ácido lisérgico em quantidades industriais para poder olhar para nós sem vomitar. Terceira: muito poucos confessavam que tomavam os comprimidos. Mesmo assim, estudamos os questionários e extraímos médias de cada item. Um monte de números! Depois disso, entrevistamos o assistente social e... voamos até a prefeitura!

– Para ver quem?
– O senhor Martin... não sei o sobrenome.
– Já sei, eu o conheço.
– Pois fomos de novo sem preparar a entrevista. Só tivemos tempo para pegar um gravador na casa da Magda e decidir que mostraríamos a pesquisa e os resultados ao senhor Martin. "Não está mal, como orientação. Observem que alguns a consomem ou acreditam que outros a consomem porque é uma droga limpa, embora vocês não tenham sugerido isso. Esta é uma idéia muito comum: 'Em vez de pegar AIDS me injetando, vou tomar uma coisa que às vezes é usada como remédio' ". Ele pareceu observar os resultados das pesquisas com atenção, não sei se porque lhe interessavam ou apenas para nos dar tempo para formu-

lar as perguntas que teoricamente deveríamos de ter preparado. Fiquei com medo de terminar muito tarde se continuássemos com essa dinâmica. "Talvez, em vez de uma pesquisa, teria sido mais útil vocês encontrarem um consumidor, mesmo que fosse esporádico, e entrevistá-lo a fundo. E com um gravador melhor que este...". Apontou para o nosso aparelho que tinha decidido parar sozinho. As pilhas... Depois falou um pouco de *Geração X* e de sua vontade de viver a realidade até o limite, ante um futuro no mínimo incerto. "O professor não lhes falou desse filme?". "Sim", respondeu Magda, "ele nos emprestou um vídeo com *Histórias de Kronen*...". "Acho que valeria a pena vocês assistirem a esse filme, pois descreve essa parcela de jovens. Se o fizerem, observem três aspectos: a ingestão de diversas drogas ao mesmo tempo, ou seja, como os personagens combinam o consumo de diferentes tipos de drogas para graduar suas descidas e subidas e agüentar muitas horas sem dormir; a velocidade, como ritmo trepidante de viver, e os impulsos de morte". Parecia que ele estava nos dando mais lições de casa, mas não podíamos deixar de fazê-las, pois era evidente que ele e o professor haviam feito um acordo... Portanto, também tivemos de "ralar" essa tarde. Entendeu o que eu disse sobre a autonomia?

- Não creio que assistir a um filme seja um trabalho tão grande assim...
- Mas nós o assistimos para aprender! Quando chegamos à casa da Magda, Glória avisou que não viria. Geraldo não queria perdoá-la: "Mas claro, já deve ter visto este filme, claro! Típico do trabalho de grupo, sempre tem alguém que se aproveita dos outros! Quer saber de uma coisa? Eu também vou me mandar!". Foi difícil convencer Geraldo a ficar. É um *cara* legal, mas um pouco teimoso. No final, dividimos os três aspectos mencionados pelo assistente social, pois tudo ficou mais fácil com a ausência da Glória, e decidimos compartilhar as idéias depois de assistir ao filme. Quando estava quase terminando, a Glória chegou. Sentou-se ao nosso lado, no sofá, em silêncio. Nem a cumprimentamos, não por estarmos zangados com ela, mas porque estávamos refletindo sobre o filme. Incrível! Depois de desligar a televisão, precisamos de alguns instantes para nos recuperar e comentar as coisas que tínhamos anotado sobre aquela realidade tão dura. "Acreditar que vive uma vida plena, quando, na verdade, a pessoa está acabando com ela... que triste!", resumiu Geraldo, antes que Glória pudesse falar: "Liguei para uma amiga e expliquei-lhe o que estávamos fazendo. Segui o conselho do assistente social e a entrevistei. Querem ouvir a entrevista?". "Claro que sim", dissemos! Durante quase meia hora, uma menina explicava por que tomava esses comprimidos e tudo o que sentia com eles. Talvez não dissesse nenhuma novidade, mas era aterrador ouvi-la. Eu assumi o compromisso de transcrever a fita para acrescentá-la ao nosso dossiê. Ou seja, naquela noite também "ralei". Auto-

nomamente... Na quarta-feira, cedinho, repassamos tudo com o professor. Comentamos as dificuldades com as quais nos deparamos e como as superamos... De qualquer maneira, finalmente percebemos que tínhamos obtido informações de diversas fontes, algumas delas de primeira mão. Poderíamos dizer que conhecíamos a teoria, mas na verdade não tínhamos visto nenhum comprimido, nem sabíamos exatamente de que eles eram feitos. Olhe, não sei por que, mas passou pela minha cabeça a idéia de que na farmácia seria possível vê-los. Mas claro que não... A amiga do pai do Geraldo explicou muito bem como eles eram feitos. Acho que desde que ligamos para ela, na segunda-feira, ela havia se preparado bem...

– Ela ensinou vocês como se faz os comprimidos?
– Não exatamente. Ela disse que um comprimido era como uma pizza. Por isso, muitos dos fabricantes de drogas sintéticas em laboratórios clandestinos são chamados de *cozinheiros*. A base da droga é lactose e celulose; ela contém também o princípio ativo, responsável pelos efeitos psicoativos, assim como os adulterantes, como cafeína, paracetamol e um grande número de outras substâncias – de ração para peixes a detergentes – que podem desvirtuar o princípio ativo. Os adulterantes e a manipulação clandestina fazem com que, na verdade, ninguém saiba o que está engolindo. Quando ela falou dos princípios ativos, deu-nos uma verdadeira aula de química: mencionou as anfetaminas alucinógenas, os psicodélicos clássicos, o MDE, o MDA, o *speed*, o MDMA (que é o *Extasy*)... Sabe qual é o nome químico do *Extasy*? Não, certo?
– Garoto, não zombe da minha cara!
– 3,4 Metilendioximetanfetamina. Quer que repita? Aprendi isso para apresentar o trabalho...
– E, com tanta química, vocês decidiram fabricar uns comprimidinhos para ganhar uma graninha para a viagem de formatura.
– Não, claro que não! Que absurdo! Você fica me acusando o tempo todo! Já disse mais de mil vezes que não fabricamos comprimidos!
– Isto é o que vamos ver! Continue...
– Ontem, quinta-feira, planejamos a campanha de prevenção. E, depois de discutir muito, decidimos que ela teria três eixos. Primeiro, apresentar a liberdade e a autonomia como bens muito valiosos. Em vez de nos darem liberdade, as drogas nos transformam em seres dependentes. Segundo, agir sobre o sujeito, o consumidor. No caso das drogas artificiais, atuar sobre o objeto, no controle do produto, é absurdo...
– Ah, sim, muito obrigado! Este é o meu trabalho!
– O que eu quero dizer é que se pode fazer muito pouco, porque é muito fácil montar laboratórios e renovar permanentemente os produtos. Acho que é possível até usar uma caminhonete como laboratório. Sem muitos recursos, qualquer um pode elaborar comprimidos...

- Ah, é?
- Não recomece... De qualquer forma, as drogas sintéticas nos ensinaram que o problema não reside no produto em si... Em parte, o que Maremagnum me disse sobre a cola e as borrachas é verdade. O problema está em nós, no uso que damos a elas...
- Certo. E qual era o terceiro eixo: ir para a discoteca distribuir comprimidos?
- Entender que a própria informação já é preventiva. Devemos deixar muito claro que os comprimidos são drogas fabricadas em laboratórios, muitas vezes sem higiene, adulteradas com produtos químicos de todo tipo, com efeitos perniciosos para a saúde e riscos para o futuro. Tínhamos de apresentar esses aspectos na conclusão. Se já foi difícil definir os eixos da campanha, imagine só o que foi imaginar ações concretas! Vimos que todas as que o professor havia proposto poderiam servir. Pensamos que uma campanha bem-feita teria de combinar tudo: histórias em quadrinhos, canções, cartazes ou murais... Cada um desses suportes seria útil para transmitir a informação aos receptores que nos interessavam: os jovens. Houve uma espécie de chuva de idéias e pensamos em mais alguns suportes, como uma pequena peça teatral. Mas qualquer um deles representava muito trabalho e, sobretudo, o domínio de um procedimento artístico, como a pintura, no caso de um cartaz, o desenho, para a revista em quadrinhos... Recordo a conversa entre Geraldo e Glória sobre a canção: "Poderíamos compor um *rap* anticomprimidos! O *rap* permite dizer tudo o que queremos, no tempo que desejarmos... Não precisamos de rimas!". "Um *rap*? Você está louco? O pessoal que consome essas drogas só ouve música eletrônica! Seria como usar uma ópera para dizer aos *punks* que não bebam cerveja! Além disso, vamos ser práticos: quem vai cantar?". Como ninguém respondeu, passamos a considerar outras propostas. Finalmente, não sei bem se por preguiça ou por falta de tempo, optamos por um cartaz informativo. Mas um cartaz mesmo! Um metro e quarenta por dois e meio de comprimento. Imenso. "Quando o pendurarmos, durante a exposição, ele vai parecer uma espécie de bisteca gigante. Só teremos de lê-lo e comentá-lo", concluiu Magda. Fizemos um rascunho sobre o que incluiríamos no cartaz e sobre a forma como distribuiríamos a informação. À direita, explicaríamos o que são as drogas sintéticas e como elas são feitas. Além da composição química, queríamos deixar claro que, devido ao seu processo de fabricação clandestina, nunca se sabe exatamente quais são seus ingredientes. Aceitamos a proposta do Geraldo: "Poderíamos colocar o seguinte: *E se você estiver engolindo um comprimido de cianeto? Por que confia em quem não se preocupa com sua saúde?*". Depois que terminamos o rascunho do conteúdo, pensamos em alguns elementos decorativos para que o cartaz ficasse mais

atraente. Glória deu várias sugestões, sobretudo para a parte final do cartaz, na qual apresentaríamos diversas alternativas de diversão sem a necessidade de tomar nenhuma dessas pastilhas. Quando dividimos o trabalho, ela assumiu a parte gráfica. Eu tive de digitar os textos no computador. Trabalhamos muito, pode ter certeza, mas o cartaz ficou uma beleza! Enquanto trabalhávamos nele, comentamos que as autoridades deveriam distribuí-lo por todo o país. Você não pode fazer nada com relação a isso? O cartaz é mesmo muito bom... Gostaria que o visse...

– E os comprimidos que estavam em seu poder, o que têm a ver com o cartaz?

– Nesta manhã, logo cedo, o cartaz já estava pronto. O professor falou que estava ótimo, que ele continha bastante informação e impressionava. Ficamos repassando o processo do trabalho com o professor. Sempre nos perguntava o mesmo: "Se precisassem fazer tudo de novo, o que mudariam?". Ele queria que reconhecêssemos nossos erros para não cometê-los de novo. E pediu para escrevê-los em uma folha de papel, na qual também tínhamos de fazer uma avaliação do trabalho. Quando lhe entregamos a reflexão da equipe, ele entregou as pautas para prepararmos a exposição perante o tribunal e outra folha de papel, na qual teríamos de avaliar nossa exposição quando ela chegasse ao fim. Ao meio-dia e meia, decidimos o que cada um falaria na exposição e só tivemos tempo para ensaiar uma vez. Na hora certa, entramos na sala de aula, penduramos o cartaz; a seguir, como havia sido combinado, Magda começou a falar, explicando por que tínhamos escolhido as drogas sintéticas, qual tinha sido nosso processo de trabalho e as dificuldades que tivemos. Depois, Geraldo tomou a palavra, bastante nervoso. Gaguejou várias vezes, mas deixou claro que sabia muito bem o que eram drogas sintéticas e qual a sua história, talvez melhor que os membros do tribunal. E eu, não é por nada, mas fui ótimo. Levei em conta a linguagem, a postura, não ficar de costas para o tribunal enquanto apresentava alguns detalhes do cartaz...

– Acredito...

– E Glória também foi o máximo. É importante todos apresentarem bem sua parte, porque a nota é de todo o grupo... Não adianta eu ser ótimo se os outros não fazem sua parte também. No trabalho cooperativo, como você sabe, o sucesso da equipe depende de cada um, e cada um depende do êxito da equipe.

– Certo, você tem razão... Mas o que aconteceu com os comprimidos?

– No final da exposição, Oriol perguntou: "Vocês pensaram em algo para chamar a atenção dos jovens sobre o cartaz?". Esperávamos que os membros do tribunal fizessem algumas perguntas, depois da exposição, sobre aspectos que não tivessem ficado bem claros. Porém, Oriol perguntou algo que, sinceramente, não havia passado pela nossa cabeça. Achei que, como já tínhamos feito tudo tão certinho, não poderíamos perder pontos agora e me enchi de coragem: "Claro! Está tudo sob controle. O cartaz pode ser pendurado na porta de entrada das discotecas onde essas drogas são consumidas. É muito pouco provável que seus proprietários permitam colocá-lo dentro delas. Assim, os voluntários da campanha entrariam no local para incitar os jovens consumidores a ler a informação...". Quando disse isso, notei que todos estavam observando-me com atenção, inclusive meus colegas de grupo. Era como se estivessem esperando algo mais. Então, continuei: "De que modo?, vocês devem estar perguntando-se. Pois é muito simples: podemos chegar perto dos jovens e oferecer a eles um comprimido... Mas só o daremos aos que quiserem, aos consumidores, com a condição de que antes leiam o cartaz que está lá fora, explicando os efeitos da droga".

- Você considera certo dar drogas às pessoas para evitar que elas as tomem?
- Pois foi isso o que também me perguntaram dois professores ao mesmo tempo, mas eu esclareci: "Não, claro que não! Vai ser apenas uma sacarina, que no máximo adoçará sua festa!". Tenho de reconhecer que todos me olharam como se eu fosse um idiota. Como você agora... Não acredito que minha contribuição totalmente improvisada tenha prejudicado a nota da equipe, mas com certeza não a melhorou...
- É claro que não.
- E talvez por isso, para provar que a idéia não era tão ruim, quis colocá-la em prática esta noite. Já havia distribuído umas quantas sacarinas quando me dirigi a um senhor, na verdade um agente à paisana. Quando ele segurou meu braço, pensei que era um traficante que estava achando minha concorrência desleal... Por isso o empurrei e...
- Você vai ter de lhe pedir desculpas.
- O que quer dizer com isso, que acreditou em mim?
- Acho que sim. De qualquer forma, vou ficar com o saquinho de sacarinas. E, se meu colega encarregado do laboratório descobrir que é outra coisa, pode ter certeza de que iremos atrás de você.

GRUPO DE PESQUISA

SÍNTESE DE SÍNTESE

Alguns comentários sobre a narração

- A narração exemplifica a técnica cooperativa do grupo de pesquisa a partir de uma experiência de crédito de síntese. Essa opção foi incorporada à LOGSE, na Catalunha, e representa uma excelente oportunidade de trabalho cooperativo para os alunos. O crédito de síntese, realizado em todos os cursos do último ano do ensino fundamental, pretende que os alunos apliquem conhecimentos e capacidades adquiridos anteriormente, a fim de encontrar soluções para os problemas apresentados e mostrar que os objetivos estabelecidos para as diversas áreas curriculares foram alcançados. Por esse motivo, os professores programam uma série de atividades interdisciplinares relacionadas a diversas áreas do currículo comum dos alunos. Essa programação é menos fechada quando os alunos são maiores e têm mais capacidade de planejar seu próprio trabalho, como ocorre na narração. O crédito de síntese não requer uma exposição perante um tribunal; esta á uma decisão adotada pela instituição em que transcorre a ação.
- O protagonista comenta que, alguns dias antes do início do trabalho de pesquisa (para ele, um crédito de síntese), já intuía qual seria o tema, devido aos comentários realizados pelos professores. Isso não indica apenas que os professores do curso trabalham em grupo na preparação da atividade (eles selecionaram um tema, pesquisaram materiais e recursos, planejaram atividades, pelo menos para os grupos de alunos que não propuseram outras atividades diferentes), mas que estão trabalhando deliberadamente os conhecimentos prévios dos estudantes e provocando curiosidade em torno da temática em questão.
- Observemos o papel do professor Oriol. Na atividade de pesquisa, seu trabalho começou com decisões prévias que não apareceram claramente na narração: tamanho das equipes, atribuição dos temas, materiais, etc. Pudemos perceber o seguinte quanto à sua atuação:

• *Explicitação dos objetivos e da tarefa a ser realizada* perante o grupo-classe, antes do início da atividade.
• *Negociação dos planos de trabalho da equipe*, delimitando o campo de atuação, complementando atividades, oferecendo tempo, recursos e fontes de informação.

GRUPO DE PESQUISA

- *Monitoramento das atividades e assistência às equipes* mediante seu acompanhamento e oferecendo-lhes as orientações necessárias para a consecução dos objetivos.
- *Ajuda na reflexão sobre o processo de trabalho em equipe,* analisando as dificuldades e as conquistas e realizando as modificações necessárias no plano inicial. Essa reflexão deve ser estimulada inclusive após a conclusão da tarefa, e é preciso contribuir para sua realização por meio de instrumentos adequados (por exemplo, diversas atividades para avaliar a partilha).
- *Avaliação.* A partir das atuações decorrentes do papel que acabamos de mencionar, o/a professor/a tem a oportunidade de avaliar o progresso das diferentes equipes e de seus membros. Esses dados poderão ser complementados com os do produto final do trabalho (no caso da narração, o cartaz, o relatório e a exposição) e com a auto-avaliação da equipe.

GRUPO DE PESQUISA

Nome

Grupo de pesquisa. Group Investigation (Sharan).

Métodos afins

Co-op co-op, Finding out (Cohen) e quebra-cabeça.

Composição da equipe

Há diversas opções. No caso apresentado, as equipes foram formadas a partir de interesses individuais. No entanto, também podem existir equipes formadas previamente, que escolhem entre as propostas apresentadas. Em qualquer caso, o/a professor/a faz o acompanhamento e tem a última palavra na formação das equipes, nas quais convém garantir o maior grau de heterogeneidade possível. Variáveis como o nível de conhecimentos prévios e o gênero são critérios sumamente relevantes que devem ser levados em consideração, tanto para aproveitar as diferenças entre os alunos quanto para compensar as diferentes equipes entre si.

Descrição

A técnica, que remonta aos trabalhos de Dewey, consiste em entender o grupo-classe como uma comunidade social em que se realiza uma pesquisa sobre determinado tema. Assim como a comunidade científica pesquisa em grupos de trabalho, e não de forma solitária, o grupo-classe trabalha um tema dividindo-o em diversos subtemas a cargo de cada equipe. A possibilidade de escolha oferecida pelos subtemas favorece a motivação a partir das próprias inquietações. O trabalho autônomo das diversas equipes sempre acaba com uma partilha com todo o grupo-classe e com uma reflexão sobre o trabalho em equipe.

Fases de aplicação

1. *O/A professor/a seleciona um problema, uma questão ou um desafio e apresenta-o ao grupo-classe.* O conteúdo, selecionado em função do currículo e da sua

GRUPO DE PESQUISA

funcionalidade, começa a ser comentado alguns dias antes, a fim de ativar as idéias prévias dos estudantes e despertar curiosidade e interesse. Ao contrário do caso comentado, o conteúdo nem sempre tem um enfoque interdisciplinar.

2. *Os alunos escolhem entre diversos subtemas*. Para favorecer o envolvimento e a motivação, os alunos propõem subtemas ou concretizações baseados em seus interesses. Isso pode ser realizado como na narração (uma dupla seleciona entre as propostas individuais e duas duplas formam um grupo de quatro; os alunos podem escolher entre as diferentes opções, que devem coincidir com o número de equipes), ou simplesmente permitindo-se que os alunos escolham sua opção preferida entre uma série de propostas apresentadas pelo/a professor/a.
3. *Formação de equipes de três a cinco alunos*. A partir dos interesses demonstrados, o/a professor/a formará as equipes, preocupando-se em manter a heterogeneidade, pelo menos quanto às competências (ou conhecimentos prévios) e ao gênero. Nesse momento, o/a professor/a explica os diversos passos do trabalho.
4. *Organização do trabalho dentro da equipe*. Os membros da equipe organizam-se de forma autônoma em função de um plano de trabalho combinado com o/a professor/a e as tarefas são distribuídas individualmente, em duplas ou em grupo. Potencializa-se a cooperação e o conceito de interdependência positiva a partir da percepção de um êxito individual que depende do da equipe (e vice-versa), objetivos mútuos, recompensas de equipe (nota de grupo) e recursos limitados.
5. *Partilha*. As diversas equipes expõem perante o grupo-classe seu processo de trabalho e os resultados obtidos. É importante organizar adequadamente essa apresentação e dar-lhe um caráter de avaliação. Pode-se pedir que as equipes preparem perguntas sobre o conteúdo que expõem para garantir a atenção e a compreensão por parte das outras equipes. Também podem ser realizadas atividades de co-avaliação.
6. Em alguns casos, e a partir das perguntas elaboradas pelas equipes, podem ser realizadas *provas individuais para verificar se todos os membros da equipe alcançaram os objetivos*. A nota única de grupo é um bom sistema para fazer com que os alunos mais capazes garantam a aprendizagem dos que têm dificuldades.
7. *Reflexão sobre o trabalho em equipe*. Os membros da equipe sempre devem dispor de tempo para refletir sobre o próprio processo de trabalho. A tomada de consciência sobre os diversos passos desse processo e a superação ou não das dificuldades permitem adquirir uma maior autonomia na hora de aprender em um grupo de trabalho.

GRUPO DE PESQUISA

Indicações

O grupo de pesquisa pode ser utilizado em qualquer disciplina ou de modo interdisciplinar. Pode ser usado para alcançar novos objetivos ou para aplicar conhecimentos que já existem (como no caso dos créditos de síntese). O uso de uma dessas opções dependerá do grau de promoção de nova informação. De qualquer maneira, o fato de trabalhar estimulado pela curiosidade, com a perspectiva de resolver um problema ou um desafio por meio de novas experiências compartilhadas com outros colegas, costuma ser altamente motivador.

Orientações

Entre outras coisas, a motivação está ligada à possibilidade de escolha durante o processo de aprendizagem. O fato de permitir que os alunos sugiram subtemas pode, em alguns casos, provocar um distanciamento excessivo do interesse acadêmico. Até mesmo a proposta de escolha entre as diversas opções pode trazer algum problema. Mesmo assim, com um mínimo de experiência de trabalho com grupos e de negociação com os alunos é possível superar esses pequenos obstáculos e evidenciar as inúmeras vantagens indicadas.

REFERÊNCIAS BIBLIOGRÁFICAS

DEPARTAMENT D'ENSENYAMENT (1992): *Disseny Curricular de l'Ensenyament Secundari Obligatori*. Barcelona: Generalitat de Catalunya.

KAGAN, S. (1985): *Cooperative Learning*. California: Resources for Teachers, Inc.

SHARAN, Y., y SHARAN, S. (1994): «Group investigation in the cooperative classroom», en S. SHARAN: *Handbook of cooperative learning methods*. London: Praeger.

SLAVIN, R.E. (1995): *Cooperative learning*. Massachusetts: Allyn & Bacon.

STALH *et al.* (1996): «Using Group Investigation Successfully in Science», en R.J. STAHL: *Cooperative learning in Science. A handbook for teachers*. Menlo Park, CA: Addison-Wesley Pub. Co.

Algumas reflexões

- Se você desejasse aplicar essa técnica com seu grupo de alunos, com que periodicidade isso poderia ser feito? Por quê?

FICHA TÉCNICA DO MÉTODO COOPERATIVO

GRUPO DE PESQUISA

- A alteração da seqüência dos conteúdos pode ser um motivo para recorrer ao trabalho de pesquisa. Seu uso implica uma certa modificação dessa seqüência ou, pelo menos, uma adaptação. Isso é possível em nosso sistema educacional?
- Na narração, o grau de autonomia oferecido à equipe é bastante grande. Você poderia imaginar a mesma atividade concedendo menos autonomia nas etapas de planejamento, execução e elaboração do produto (trabalho concreto)?

Sugestões de trabalho com os alunos

Na narração que você acabou de ler, os alunos trabalham em um crédito de síntese. Poderia identificar os passos principais e compará-los com os trabalhos de grupo que você realiza? Que opinião você tem de suas próprias experiências: parece-lhe que se aprende mais ou menos que nas aulas habituais?

O que pensa o protagonista sobre o trabalho autônomo? Você está de acordo com ele? Por quê?

7

Um de Ida e Outro de Volta

Colaboração Interprofissional

Terça-feira, 12h30min. Escritório do Departamento de Línguas. Dario espera com certa inquietação a hora marcada para conversar com Hermínio, o psicopedagogo da escola. Certamente, a idéia de se reunir com o OPNI – Objeto Pedagógico Não-Identificado, como costuma ser chamado – tinha sido dele. Pensava que algo devia ser feito ante o anúncio do ingresso, no próximo ano, de três alunos expulsos de outras escolas por mau comportamento. E, para isso, quem melhor do que o profissional supostamente encarregado desse tipo de alunos problemáticos?

Na verdade, só conhecia Hermínio de vista, pois ele havia ocupado seu cargo este ano. Considera-o um novato ou um "garoto", para usar uma palavra afetuosa. Mesmo assim, Dario sabia muito bem que não podia enfrentar sozinho esse problema, não era responsável por isso. Porém, a experiência ensinara-lhe que o departamento que ele coordenava, o de Língua Espanhola, mais cedo ou mais tarde teria de assumir o problema.

Contudo, era evidente que, apesar de estar precisando de ajuda, no fundo desconfiava que o psicopedagogo – ou, mais oficialmente, o professor de Psicologia e Pedagogia – não lhe seria de grande utilidade. Sempre pensara que, caso não se fosse uma raposa velha, com muitas horas de vôo, dificilmente se conseguiria que trinta indivíduos, com capacidades e motivações tão diferentes, aprendessem. E ainda menos se podia ter o atrevimento, a ousadia, de pretender assessorar os outros!

E, como se isso fosse pouco, o "especialista" em questão era um rapazote recém-saído da universidade. Certamente ele conhecia tudo "de ouvido", pelos livros... Dario estava começando a se arrepender de ter marcado a entrevista.

"Se começar a falar da tal de *zona de desenvolvimento,* caio fora. Esses opiniáticos julgam que, com meia dúzia de conceitos vazios que aprenderam na faculdade, conseguem resolver tudo. Primeiro veio a 'reestruturação de esquemas', depois a 'aprendizagem significativa', agora falam da famosa 'zona de desenvolvimento', e amanhã ninguém sabe... Acredito que o fundamental é prestar atenção às necessidades dos garotos. Gostaria de ver um desses teóricos na minha sala de aula, fazendo o Roberto, que é incapaz de prestar atenção por mais de um minuto, aprender 'significativamente'. Não sei em que estava pensando quando pedi a ele para conversar... Dario, você mesmo se meteu nessa confusão e agora vai ter de se virar... Bem, coragem, vamos lá!".

Terça-feira, 12h30min. Escritório do Departamento de Orientação. O psicopedagogo da escola, Hermínio, espera a chegada de Dario. Está muito agitado. Conhecera Dario em uma reunião de professores e rapidamente fez uma composição mental. Aquelas impressões vêm agora à cabeça: "Um progressista de maio de 68 reciclado, que agora deixou tudo aquilo de lado e convenceu-se de que a voz da experiência é a única coisa que importa. Muita experiência... Mas, como nos dizia o professor de Psicologia Escolar, com freqüência uma 'ampla experiência' não passa da repetição dos conteúdos de um livro de texto, maquiada com um par de vídeos e alguma atividade de trabalho em grupo, reproduzida com inesgotável fidelidade, ano após ano. Fui realmente muito 'esperto' ao prestar concurso para os últimos anos do ensino fundamental! Na universidade, ficamos deslumbrados com o fato de que a reforma estivesse centrada, naquele momento, nesses cursos, e com o que se falava sobre a escola abrangente, a atenção à diversidade nas escolas e o enorme desafio que representava trabalhar nesse ambiente! E eu, ingênuo, pretendia transformar aquele 'lá' em 'aqui'... Que bobagem!

Agora me dou conta de que, quando fizemos o estágio de Psicopedagogia em escolas concretas, estávamos em uma torre de marfim... José Luís, o responsável pelos estágios, mostrou-nos uma realidade que não é a mais freqüente, ou pelo menos não se parece com a que tenho encontrado. Trabalho preventivo, intervenção na Comissão de Coordenação Pedagógica, trabalho dentro da zona de desenvolvimento da instituição, privilégio das medidas ordinárias de atenção à diversidade em vez das extraordinárias... Depois de meses de trabalho, tudo isso me parece muito estranho. Parecem princípios teóricos sumamente interessantes, mas que dificilmente podem ser alcançados por uma grande parte dos professores. Felizmente, tem de tudo. Parece que a única coisa que alguns querem é passar para frente a 'batata-quente' do/a aluno/a com dificuldades para aprender, ou que simplesmente incomoda na sala de aula, esperando livrar-se do problema. E, se isso não for possível, pelo menos esperam a 'receita' de algum remédio: um material específico, alguns exercícios ou seja lá o que for, desde que eles fiquem entretidos. Muitas vezes, pedem que confirmemos e ratifiquemos suas suspeitas e, além disso, que os ajudemos a se livrar da culpa: 'Não é verdade que não é problema meu? Não é verdade que esse aluno não tem muita capacidade ou está desmotivado e por isso não aprende?' ".

Batem à porta. É Dario. "Boa sorte para mim!", pensa Hermínio.

– Pode entrar, Dario!
– Você é o Hermínio, não é? Fomos apresentados na reunião de professores...
– Sim, lembro perfeitamente... – responde, com a imagem ainda mais fresca na cabeça. – Sente-se, por favor!
– Bem, acho melhor não fazer rodeios. Não sei se você sabe que, no ano que vem, vão entrar na escola alguns garotos daqueles diagnosticados como "comportamentais"... Para ser mais claro, problemáticos. E pensei que, antes de encarar o problema, seria bom conversar e decidir o que devemos fazer e quem se encarregará deles...
– Suponho que os professores correspondentes vão se encarregar deles, certo?

"E eu sou um deles, isso é o que você está insinuando, não é verdade, mocinho?", diz Dario para si mesmo, enquanto decide não interpretar o comentário como uma agressão:

– Olhe, Hermínio, não sei se você sabe exatamente qual é a situação de nossa escola, porque você acabou de chegar... – comenta, como resposta à suposta agressão. – Mas já temos uns quantos meninos e meninas com problemas de conduta, acho que poderíamos até exportá-los para outras escolas. Na verdade, eu mesmo falei com Miguel, o diretor, para que ele pedisse que o inspetor enviasse os recém-chegados para outra escola, mas não teve jeito... Essa gente resolve tudo na última hora!
– Entendo o seu ponto de vista, mas nos meses em que estive aqui tentei conhecer os recursos de que dispomos e acho que podemos tentar dar uma resposta a esses novos alunos.
– Ah, é? A que recursos você se refere?
– Bem, suponho que sejam os mesmos que estão disponíveis na maioria das escolas de ensino médio, estabelecidos pela reforma: matérias optativas, plano de ação tutorial, possibilidade de separar grupos e de adequar o currículo...
– Olhe, eu sempre pensei que a Reforma está muito bem na parte teórica, mas na prática... Você realmente acredita que contamos com os recursos necessários?
– Talvez não disponhamos de todos os que conviria ter, mas o principal recurso é o corpo docente... Estou convencido de que uma parte dos professores não possui a formação necessária para enfrentar a diversidade que existe atualmente em algumas de nossas salas de aula.

"Claro, e aparentemente eu devo ser um desses que não tem suficiente formação... Já é a segunda; na terceira, vou comentar alguma coisa sobre sua mãe...", pensa Dario, que se enche de paciência para evitar a provocação:

- Você quer dizer que é uma questão de formação? Mas não paramos de fazer todo tipo de cursos, sobretudo desde que surgiu a questão dos pontos para a promoção pessoal. Alguns colegas os colecionam: "Você já fez o de internet? Eu ainda não fiz o de avaliação da aprendizagem...".
- Na verdade, eu estava me referindo ao modelo de formação adotado. Você não concorda que, em geral, se reproduz um modelo de ensino tradicional baseado, fundamentalmente, na mera transmissão de conteúdos conceituais?

"Na mera transmissão de con... que idiota!", exclamou Dario para si mesmo, "já entramos nos assuntos de sempre!". O que havia imaginado antes da reunião estava começando a acontecer e não estava disposto a permitir isso:

- Pois eu, na faculdade – e estou falando da época em que os dinossauros dominavam a Terra –, tive excelentes "professores tradicionais-transmissores" – responde, ironicamente. – E gostaria de poder dar umas aulas tão boas quanto as deles.

Diante de uma resposta tão desafiadora, Hermínio permaneceu calado. A última coisa que desejava era um enfrentamento. Não pôde deixar de se recriminar: "Você não aprende nunca, já está batendo de frente com ele... E agora, o que digo?".

O silêncio prolongava-se e Dario começava a perder a paciência: "E agora, o que está acontecendo com esse imbecil, que ficou calado? Talvez eu tenha tocado em algum ponto sensível, mas foi ele quem quis! Esta juventude é sensível demais, manteiga derretida. Vou ter de retificar o que disse, se não ele vai pensar que não quero colaborar com ele".

Como se tivessem planejado, os dois recomeçaram a falar ao mesmo tempo:

- Escute!
- Olhe!
- Não, você, por favor! – exclamaram de novo, em uníssono.
- Veja só, parecemos os palhaços da televisão!
- Sim, mas só de longe. Aparentemente, eles se entendem melhor... – Hermínio teve de novo a sensação de ter avançado o sinal, mas não conseguiu conter-se. – Por que estamos tendo essa dificuldade para nos comunicar? Por que passamos o tempo todo tentando mostrar que queremos colaborar, se na verdade não acreditamos que o outro pode nos ajudar?

A sinceridade e a honestidade de Hermínio deixaram Dario estupefato. Ele, que já estava começando a preparar a artilharia, viu-se de repente diante do psicopedagogo desarmado, sem farda e com uma bandeirinha branca. Não é possível atirar em quem deixou de ser inimigo. Por isso, ele se limitou a insinuar:

- Mas não é você quem tem de me ajudar?
- Eu, ajudar? Mas se ainda nem sei direito quais são minhas funções nesta escola! Como posso assessorar um veterano como você? A não ser que repita o que nos diziam na faculdade: os alunos que têm dificuldades de aprendizagem não pertencem ao psicopedagogo, o problema deve ser resolvido de forma cooperativa, compartilhando a definição de conflito e avaliando conjuntamente as possíveis intervenções... Eu só disponho de outros instrumentos...

Além de retirar os canhões, Dario está prestes a tirar o uniforme de campanha. Pensa no assunto, sente-se incômodo, porém deixa de lado até sua última arma de defesa pessoal. A atitude aberta de quem está na sua frente não merece outra coisa:

- E você diz isso para mim? Há mais de 25 anos sou professor e ainda há dias em que me sinto inseguro... Olhe, vou fazer uma proposta: por que não recomeçamos do zero?
- Seria melhor.

Dario levanta-se bruscamente e, ante a surpresa de Hermínio, estende a mão e diz:

- Eu me chamo Dario. Tenho um problema e preciso de ajuda...
- E eu sou Hermínio – responde, apertando a mão do outro. – Sou aquilo que vocês chamam de opiniático e gostaria de fazer o possível para ajudá-lo... ou melhor, para ajudar-nos, porque no ano que vem também terei de trabalhar com as "novas aquisições".
- Claro! A questão é a seguinte: no ano que vem, chegarão a esta escola três meninos que não sei se podem ser qualificados de pré-delinqüentes... Eles já tiveram alguns probleminhas com a polícia por causa de furtos, brigas e atitudes parecidas...
- Além disso, eles têm todas as qualidades para acabarem mal...
- Como é que você sabe disso?
- Bem, eu também estou preocupado com a questão e tenho ouvido alguns comentários. Já disse que é um problema de todos lidar com esses garotos, e também é um problema meu. Por isso, liguei para a assistente social para obter mais informações sobre eles. Não quero assustar ninguém, mas me disseram que eles já têm um belo currículo...
- Nossa! E eu que achava que você não estava a par do caso...

Depois de um sorriso cúmplice, Hermínio retirou algumas folhas da pasta e comentou:

– Pelo que eu sei, eles pertencem a famílias muito conflituosas. Em uma delas, os pais estão desempregados há bastante tempo. O pai é alcoólatra e agrediu diversas vezes sua esposa. O menino já cometeu diversos furtos e algumas agressões. O segundo caso teve bastante destaque nos jornais há algum tempo. Não sei se você o acompanhou. Aquele caso do traficante que foi preso por obrigar o filho a vender drogas...
– Sim, lembro-me da notícia. O pai negou tudo, mas o filho e a mãe confessaram... Foi uma cena muito violenta: o pai ameaçou matá-los quando fosse solto. Mas não sabia que este era um dos nossos convidados...
– Pois é.
– Vai ser difícil lidar com isso. E o terceiro caso?
– É bastante surpreendente. O menino é um dos filhos dos donos dos supermercados *Sibarit*. Uma família muito rica...
– Então, deve ser um filhinho-de-papai entediado que está em busca de novas emoções.
– Não, ele simplesmente faz parte da tribo dos *skinheads*: roupas de couro, cabeça raspada... E pode pertencer a um grupo de extrema direita.
– Só nos faltava isso, um nazista!
– Não exagere! Ainda temos poucos dados e, além disso, você sabe que muitos deles não têm nem idéia do que quer dizer nazista, nem de quem foi Hitler, nem sobre o que foi o movimento nacional-socialista.
– É, já sei... Você pode me dizer que estou criando expectativas e preconceitos negativos. E tem razão, mas não posso evitar isso. Deve ser minha índole revolucionária que entra em ação.
– Acho que para eles tudo não passa de uma forma de provocação, de remar contra a corrente...
– Você não sabe com quem está falando! Meus pais me expulsaram de casa por ser *hippie*! É claro que nós queríamos construir um mundo melhor para todos, e não acabar com ele! Na verdade, é paradoxal que agora tenhamos de ajudar pessoas que, pelo menos externamente, representam o contrário daquilo pelo qual lutamos em nossa juventude. Podemos perguntar-nos: qual é a essência de um professor progressista?
– Eles optaram por um caminho que nos escandaliza e que representa o contrário do que pensamos e podemos admitir: as fardas paramilitares, o totalitarismo, a violência como forma de expressão...
– Certamente você tem razão e eu estou exagerando um pouco. No fim das contas, na idade deles eu era militante do partido trotskista mais radical de todos... E veja em que me transformei!
– Nós nos transformamos! Agora somos uma dupla de funcionários preocupados em não perder o nível de comodidade que obtivemos.

– Bem, dito dessa maneira parece imoral... Então, vamos mostrar que merecemos o salário que recebemos!

– Pensei que, para conseguir ajuda, poderíamos falar com a Paquita, a assistente social...

– Claro, eu a conheço de vista. Ela também poderia nos assessorar nas questões legais para ver qual é a atual situação dos meninos com relação à Justiça, se têm algum tipo de acompanhamento, o que pode acontecer no caso de serem reincidentes... Também acho que poderíamos colocá-los em turmas diferentes para que possam se integrar gradualmente à vida da escola.

– Sim, quanto a essa questão da adaptação, especialmente nos primeiros meses, estava pensando em uma comissão de recepção e acolhida da qual poderíamos participar...

– Comissão de acolhida?

– Sim, um pequeno grupo de profissionais e alunos encarregados de fazer com que os meninos e seus pais conheçam o funcionamento da escola, nosso projeto educativo e curricular, as instalações e os serviços disponíveis... Essa comissão também se encarregaria de acompanhar seu processo de integração.

– Também lhes ensinaria o regimento escolar, certo?

– Dario, não seja perverso... Claro, eles também têm de entender quais são seus direitos e deveres e quais são as formas de comportamento no colégio...

– E as sanções que sofreriam no caso de não obedecerem a essas normas – insistiu Dario, desconcertando Hermínio durante alguns segundos. – Não faça essa cara, estou brincando!

– Bem, brincadeiras à parte, poderia ser interessante usar algumas tutorias para abrir um debate sobre as normas do regimento, para que, além de discuti-las e conhecê-las, também se pudesse sugerir propostas para mudar algumas coisas.

– Claro, e então transformar o colégio em Sodoma e Gomorra!

– Ah, ah, ah, isso é o que você deseja!

– Tudo bem, então estamos de acordo. Assim, eles poderiam sentir que estão participando mais do que acontece na escola. Juro que assinaria com o maior prazer algumas modificações nas normas para que eles as sentissem como próprias e necessárias para a vida em comunidade.

– Voltando ao que já dissemos, poderíamos começar a organizar essa comissão de recepção e acolhida; além da Paquita, de você e de mim, seria bom que houvesse algum outro professor e alguns alunos... Não sei, você conhece melhor as pessoas...

– Talvez a Nuria, do Departamento de Ciências Sociais. Ela sempre se entendeu muito bem com os alunos.

– Não está passando por uma fase difícil por causa do acidente?

- Acho que já está começando a superar o problema e, talvez, o envolvimento nesse projeto seja bom para ela... De qualquer modo, podemos fazer-lhe uma proposta.
- Certo! E quanto aos alunos?
- Sem dúvida, Pilar tem de participar, ela é uma líder nata. Talvez o Geraldo também, ele é muito solidário e cooperativo... Sempre acreditei que o fato de ter família em Kosovo o tornava mais sensível à questão das minorias e dos marginalizados...
- E um cara conversador como o Humberto?
- O Maremagnum? É simpático e tem vontade de ajudar, mas às vezes é bastante impulsivo e poderia prejudicar a comissão.
- Escute, Dario, estava pensando que talvez fosse interessante incorporar algum pai ou mãe a esse grupo para que pudesse visitar os pais desses meninos e oferecer um apoio afetivo.
- Não é uma má idéia, mas quem estaria disposto a entrar na "toca do lobo"?
- Não sei. Podemos explicar a situação durante a próxima reunião da associação e ver se aparecem voluntários. Além do elemento de solidariedade, os pais entenderão que o bom funcionamento da escola depende desse tipo de procedimento...

Neste momento, batem à porta. É Paquita, a assistente social.

- Posso entrar?
- Paquita, você caiu do céu! Estávamos justamente falando em você, até parece que você adivinhou!
- Pode ser que sim... Vinha comentar uma coisinha sobre os pais da Yolanda: você já sabe que eles foram desenganados... Mas não quero interromper, podemos conversar depois...
- Não, você não está interrompendo, pelo contrário... Não sei se conhece o Dario, coordenador do Departamento de Línguas.
- Sim, mas só de vista. Como vai?
- Olá, também já a vi por aí...
- Olhe, se você tem algum tempo, vamos comentar o que estávamos discutindo... Trata-se desses três meninos que vão chegar no ano que vem. Pensamos que, para facilitar sua integração, além de prevenir possíveis problemas disciplinares, seria bom organizar um grupo de acolhida com três professores, uma dupla de alunos e você, se estiver de acordo...
- Vocês estão falando de Paco, Ernesto e Joaquim, não é? Sempre acontece a mesma coisa, vítimas de violência doméstica...
- Violência? Mas o Hermínio me disse que um deles é filho de uma família rica e que se diverte batendo nos outros... Não posso considerar esse menino como vítima...

– Você está falando de Ernesto... Bem, nós falamos de violência em sentido amplo: quando as necessidades do menino ou da menina não são satisfeitas de maneira adequada. E, aparentemente, Ernesto nunca pôde contar com algo fundamental, o afeto... – disse Paquita.
– Você acha que isso pode ser chamado de violência doméstica?
– As formas mais evidentes de maus-tratos são o abuso físico, em que as pessoas são machucadas deliberadamente, ou as situações de corrupção, em que os adultos obrigam ou incitam as crianças a terem comportamentos delituosos. Mas também existem maus-tratos menos visíveis, embora tão prejudiciais quanto esses: o abandono, a pressão emocional, os insultos, as ameaças e as situações em que as crianças são ridicularizadas ou menosprezadas constantemente... Ernesto passou por muitas dessas experiências.
– Sim, mas nesses casos, quando finalmente alguém percebe qual é a situação e a denuncia, é tarde demais. Há alguma maneira de evitar que isso aconteça?
– Há indicadores que aumentam a probabilidade de que existam situações de maus-tratos. Por exemplo, quando uma criança está com a auto-estima muito baixa, um grande isolamento social ou sintomas de depressão. Ou quando os pais mostram um temperamento violento ou impingem castigos bastante severos a condutas insignificantes. Outro indicador são evidências de maus-tratos a irmãos ou a um dos cônjuges, ou ainda casos em que o filho não é desejado. Porém, o indicador mais revelador é o fato de que os pais também tenham sido maltratados durante a infância.
– Isso quer dizer que esses meninos também podem se transformar em agressores dos filhos?
– Sim, pelo menos eles têm mais probabilidades que os outros...
– Bem, Paquita, e o que você acha da possibilidade de participar desse grupo interprofissional de acolhida?
– Acho que a idéia é excelente! Essas situações são muito complexas e requerem múltiplas intervenções para se obter um efeito multiplicador. Uma mudança positiva no trabalho do pai pode ser benéfica para as relações do casal e para a coesão do núcleo familiar; e uma mudança de atitude do aluno na escola pode significar uma maior dedicação aos estudos, uma melhora no autoconceito acadêmico e uma motivação quanto à aprendizagem.
– Sim, mas vocês já sabem que é muito difícil coordenar pessoas de diferentes profissões...
– Evidentemente – responde Hermínio, como se esperasse a objeção. – Para que a coisa funcione, temos de negociar certos objetivos, um procedimento para alcançá-los e uma programação clara em termos de tempo.
– Nossa! – exclamou Paquita. – Parece que, apesar de tudo, vocês, psicólogos, continuam adotando o behaviorismo. Tudo programado!

– Não, nada a ver. É possível ser organizado sem esquecer o construtivismo. Na verdade, o que agora está na moda e já começamos a praticar é a colaboração interprofissional, que inclui uma sistematização das relações entre diferentes profissionais para aproveitar os recursos disponíveis e aumentar a eficácia das intervenções.
– Para mim, de qualquer maneira, há algo mais importante do que optar por uma dinâmica e certos dias de encontro: comprometer-nos a respeitar a atuação de cada um e confiar no restante da equipe para que possamos nos expressar com total liberdade. Com relação a essas questões, muitas vezes ocorre uma "conspiração do silêncio", isto é, ocultam-se as dificuldades e os fracassos, porque se considera que isso significa admitir, perante os outros profissionais, certa incapacidade ou incompetência.
– Bem, estamos todos de acordo, certo? Precisamos contar com um grupo de iguais no qual cada um possa dar sua opinião e as decisões sejam tomadas com o consenso de todos. Só faltaria que nos "maltratássemos" também!
– Combinado. Então, mãos à obra! – exclamou a assistente social com entusiasmo. – Quando será a próxima reunião para organizar o grupo e tudo começar a funcionar?
– O que acham da semana que vem, no mesmo dia e hora de hoje? Nós dois temos uma "janela" entre as aulas e acho que esse horário também é bom para você, não é verdade, Paquita?
– É verdade. Então, nos reunimos na próxima terça. Agora tenho de ir...
– Certo, Paquita, até terça-feira então!
– Até terça!

Depois da saída de Paquita, Dario toma a palavra visivelmente satisfeito.

– Paquita me parece uma pessoa muito competente e com conceitos muito claros. E explica tão bem as coisas...
– Sim, realmente é uma boa profissional.
– Caramba, Hermínio, estou ficando entusiasmado! Quem diria que isso poderia acontecer quando cheguei esta manhã...
– Eu também! Estava convencido de que nossa reunião seria um total fracasso...
– E eu pensava que você não desceria da sua nuvem teórica, que não poderia aterrissar.
– Bem, mas deu tudo certo. Vamos tomar um café no bar da esquina?
– Tudo bem, mas a primeira rodada somos nós, os veteranos, quem pagamos.
– Tudo bem, não vamos discutir por isso. Quanto a mim, você merece o título de "veterano *honoris causa, per secula seculorum...*"

COLABORAÇÃO INTERPROFISSIONAL

UM DE IDA E OUTRO DE VOLTA

Alguns comentários sobre a narração

- Quando Hermínio pede a Paquita, a assistente social, para participar de um grupo interprofissional de acolhida para ajudar a integrar os novos alunos, ela comenta o seguinte:

"Acho que a idéia é excelente! Essas situações são muito complexas e requerem múltiplas intervenções para se obter um efeito multiplicador. Uma mudança positiva no trabalho do pai pode ser benéfica para as relações do casal e para a coesão do núcleo familiar; e uma mudança de atitude do aluno na escola pode significar uma maior dedicação aos estudos, uma melhora no autoconceito acadêmico e uma motivação quanto à aprendizagem."

Este parágrafo menciona o modelo de enfoque sistêmico. Os diferentes grupos que interagem nas instituições educativas, organizados em contextos reduzidos e bem delimitados (o grupo de amigos, turma, a equipe de professores, a família, a direção, o pessoal não-docente, a associação de pais e mestres, etc.), podem ser considerados sistemas de elementos com fortes relações de dependência entre si. Uma mudança em algum ou alguns desses sistemas pode provocar inevitáveis mudanças nos outros. Esse efeito em cadeia evidencia a necessidade de se intervir de forma simultânea em diferentes níveis do ambiente do/a aluno/a, se quisermos aproveitar ao máximo essas ligações entre os sistemas. Um enfoque interprofissional como o que foi apresentado permite justamente isto, ou seja, incidir em diversos âmbitos ou sistemas da realidade do/a aluno/a, mediante a intervenção de diversos profissionais, provocando o efeito multiplicador mencionado no texto.

- Depois da reunião, Hermínio e Dario, bem mais relaxados, comentam abertamente quais eram suas expectativas e como, após o encontro, estas foram modificadas radicalmente:
- "Caramba, Hermínio, estou ficando entusiasmado! Quem diria que isso poderia acontecer quando cheguei esta manhã...!
- Eu também! Estava convencido de que nossa reunião seria um total fracasso...
- E eu achava que você não desceria da sua nuvem teórica, que não poderia aterrissar."

FICHA DIDÁTICA

COLABORAÇÃO INTERPROFISSIONAL

Desde a infância nos especializamos em ler a mente dos outros, isto é, em representar de maneira muito exata as idéias, as intenções e, inclusive, as emoções das pessoas que nos rodeiam. Infelizmente, essa capacidade também pode ser utilizada para construir imagens distorcidas e preconceitos a partir de mitos sociais bastante generalizados (quanto menor a experiência, menores os conhecimentos e os recursos) e de determinadas concepções implícitas (os professores só querem "receitas" ou os psicopedagogos são "teóricos"), como aconteceu com nossos personagens no início deste capítulo.

Para acabar com essas imagens caricaturizadas, precisamos de ajuda, temos de respeitar o outro como profissional e não ter a pretensão de entrar em seu terreno de competência. Estes são requisitos *sine qua non* para que possa haver esse tipo de colaboração.

COLABORAÇÃO INTERPROFISSIONAL

Nome

Grupo de colaboração interprofissional.

Métodos afins

Grupos de apoio e método de quebra-cabeça.

Composição da equipe

Profissionais que, por suas competências diferenciadas, possam dar uma resposta mais eficaz a determinado problema ou conflito.

Descrição

A técnica consiste na criação de um grupo de trabalho que aproveita os conhecimentos de diferentes profissionais para responder a um problema complexo a partir das diversas perspectivas representadas, agindo nos diferentes âmbitos ou sistemas sobrepostos no espaço do problema. Suas características são as seguintes:

- Compromisso de trabalhar pelo bem comum e pela aceitação de diversos enfoques teóricos e metodológicos.
- Visão sistêmica da intervenção, fundamentada na vantagem de atuar reciprocamente nos diferentes âmbitos e níveis de um problema para facilitar a interdependência.
- Inexistência de hierarquias estabelecidas: a liderança deve ser distribuída entre os membros, em função das competências profissionais mobilizadas em cada momento.
- Aceitação de uma responsabilidade compartilhada.
- Absoluta clareza e transparência em tudo o que tem a ver com a informação e os progressos do conflito tratado. Deve-se evitar a "conspiração do silêncio" mencionada no texto (ocultação das dificuldades por considerar que elas significam ter de admitir uma certa incapacidade ou incompetência).

FICHA TÉCNICA DO MÉTODO COOPERATIVO

COLABORAÇÃO INTERPROFISSIONAL

Fases de aplicação

1. *Seleção de profissionais* de diferentes áreas de competência, em função das exigências do problema que se pretende resolver ou tratar. As concepções sobre a aprendizagem, a disciplina, os valores a serem estimulados, etc., dos diferentes membros da equipe não devem ser tão divergentes a ponto de impossibilitar um trabalho conjunto.
2. *Necessidade de compartilhar a mesma representação do problema* e das variáveis que incidem sobre ele. Através do diálogo e da negociação de significados, deve-se chegar a um acordo na hora de identificar os aspectos críticos que definem o problema e de avaliar os efeitos, positivos e negativos, da intervenção.
3. *Desenvolvimento da modalidade de tomada de decisões dentro do grupo e divisão de responsabilidades.* O acordo sobre a forma como as decisões serão tomadas é fundamental. Recomenda-se obter sempre o consenso e a unanimidade, deixando outras fórmulas (por exemplo, a aprovação pela maioria) para casos extremos.
4. *Estabelecimento de relações interpessoais.* Sem dúvida, a existência de um clima aberto e relaxado, no qual imperem a tolerância e o respeito pelas opiniões alheias, será o ambiente ideal para formalizar as colaborações.
5. *Análise conjunta das condições e necessidades* que podem possibilitar a resolução do problema ou conflito.
6. *Obtenção de informação.* É imprescindível ter um ou mais focos permanentes de informação para facilitar a tomada de decisões da equipe interprofissional sobre as novas operações a serem empreendidas.
7. *Busca de soluções alternativas.* Sempre que a informação obtida possibilitar, devem ser buscadas alternativas de intervenção. Nesse ponto, a diversidade de enfoques pode ser muito benéfica.
8. *Avaliação e acompanhamento dos resultados.* Por último, deve-se determinar um ponto de desenvolvimento ótimo do problema para reduzir a intensidade da colaboração e estabelecer sistemas intermitentes de acompanhamento.

Indicações

Problemas complexos nos quais intervém um grande número de fatores de similar importância (econômicos, culturais, étnicos, etc.) que desaconselham a participação de apenas um profissional.

COLABORAÇÃO INTERPROFISSIONAL

Orientações

1. Insistir na necessidade de valorizar o papel desempenhado pelos demais profissionais, a importância e a utilidade de sua colaboração e de suas competências específicas.
2. Comprometer-se a manter a estabilidade da equipe no médio prazo. Quando se estabelecem vínculos com alunos e famílias com um longo histórico de conflito, é preferível evitar mudar os profissionais que nele intervêm a fim de obter sua confiança e seu respeito.

REFERÊNCIAS BIBLIOGRÁFICAS

GRADEN, J., y BAUER, A. (1999): «Enfoque colaborativo para apoyar al alumnado y profesorado de aulas inclusivas», en S. STAINBACK,: *Aulas inclusivas.* Madrid: Narcea.

HARGREAVES, A. (1998): *Profesorado, cultura y postmodernidad.* Madrid: Morata.

DEL CARMEN, L. (1996): «El trabajo en equipo: aspecto básico para la innovación en los centros», en C. MONEREO e I. SOLÉ: *El asesoramiento psicopedagógico: una perspectiva profesional y constructivista.* Madrid: Alianza Editorial, p. 153-166.

MURILLO, P., GANDUL, I., y PÉREZ LLORENTE, T. (1996): «Apoyo colaborativo interprofesional», en A. PARRILLA: *Apoyo a la escuela: un proceso de colaboración.* Bilbao: Mensajero, p. 139-168.

REDÓ, M. (1998): «El asesor psicopedagógico. Una colaboración interprofesional», *Cuadernos de Pedagogía,* nº 263, p. 51-55.

Algumas reflexões

- A partir de sua própria realidade, analise alguns dos principais problemas e/ou conflitos a serem enfrentados e determine em quais deles pode ser mais adequado um tratamento interprofissional.
- Elabore uma lista dos problemas que você identificou e, a seguir, selecione os profissionais que devem intervir em sua resolução. Tente estabelecer quais seriam suas responsabilidades específicas.
- Antecipe alguns problemas que poderiam surgir em cada caso de colaboração e proponha possíveis modalidades de organização e formatos de interação no grupo a fim de ajudar a eliminar ou, pelo menos, minimizar esses problemas.

COLABORAÇÃO INTERPROFISSIONAL

Sugestões de trabalhos com os alunos

Nesta história, tanto Hermínio quanto Dario desconfiam que a colaboração entre eles não será possível. Em que momento você considera que essa situação começa a mudar? Qual é a solução? Alguns psicólogos falam da importância do fato de "sentir empatia", ou seja, perceber as intenções do outro, colocar-se em seu lugar. O que você pensa disso? Considera que é importante a empatia para trabalhar em equipe? Você consegue sentir empatia?

Paquita fala de uma "conspiração do silêncio", situação que ocorre quando diferentes pessoas tentam encobrir seus erros e fracassos para o restante do grupo, dissimulando ou "escondendo a cabeça embaixo da terra", tal como avestruzes. Isso já aconteceu com você ou com algum colega? Como isso poderia ser evitado?

8

Videoconferência Natural

Grupo natural*

Videoconferência organizada por Humberto, o Maremagnum. Glória chega primeiro:

– Oi, Maremagnum, como vai?
– Boa noite, Glória...
– Sou a primeira?
– Sim, você foi a mais pontual. E seus óculos?
– Estou usando lentes de contato faz anos! Há quanto tempo não nos vemos?
– Muito... Acho que desde que terminamos o ensino médio, há mais ou menos seis anos...

Aparece Júlia:

– Olá para todos!
– Júlia, que bom te ver!
– Muito bom mesmo! Gente, estes computadores são muitos chatos! Gostaria de dar um grande abraço nos dois! Adoraria que nos encontrássemos pessoalmente de novo! Desta vez você teve mesmo uma grande idéia, Humberto!
– Pois é... Tentei organizar um encontro verdadeiro entre ex-colegas duas vezes... Mas é difícil encontrar uma data conveniente para todos... Até parece que temos agendas de ministros! Por isso pensei: bem, vamos fazer um encontro virtual, e assim acabam-se as desculpas!
– É isso aí!
– E a surpresa que você nos prometeu, qual é?

*N. de R. T. Ver o conceito do grupo natural na p. 159.

– Calma. Quando todos estiverem presentes, eu conto.
– Júlia, sem dúvida, sendo coisa planejada por Maremagnum, é alguma confusão...

Chega Maitê:

– Posso entrar?
– Bem, vamos dar as boas-vindas à famosa representante do grupo natural!
– Como vão todos?
– Você está quase igual a hoje ao meio-dia! É engraçado que possamos ver você todos os dias e você nunca pode nos ver!
– Vocês estão lindas! E você também, Maremagnum! Esta carequinha incipiente te dá uma aparência muito interessante...
– Carequinha? Estou mais parecendo uma pista de pouso para moscas...
– Você perdeu o cabelo, mas não o bom humor, ainda bem! Prestem atenção agora e vejam quem está atrás de mim...
– Nossa, é a Pilar!
– Oi, Pilar! O que você está fazendo ao lado da Maitê? Você deveria aparecer em outra tela para que pudéssemos vê-la melhor!
– Não tem problema! Fui à casa da Maitê, passamos a tarde juntas... Tínhamos muito para conversar e, além disso, conheci o filho dela...
– Filho? A Maitê tem um filho?
– Verdade?
– Não acredito!
– Parabéns, Maitê!
– Esperem, vamos nos colocar melhor na frente da câmera... Agora estão nos vendo bem?
– Um pouco menores, mas bem... Na verdade, vemos bastante a Maitê por trás das câmeras... Sempre que estou em um lugar público e assisto às notícias, grito: "Essa menina foi minha colega! Era do meu grupo natural!". E, quando estou em casa, muitas vezes tento dar-lhe um beliscão no rosto por cima da tela da televisão. "Maitê, Maitê", digo, "você nos deu um enorme susto com aquela história da anorexia!".
– Maremagnum, você continua falando tanto quanto antes!
– Intriga sua...
– É verdade! Mas tenho certeza de que superei esse problema com a ajuda do grupo natural e especialmente desta mulher que está aqui do meu lado. Na verdade, vocês têm a culpa de eu aparecer na televisão. Acabei aceitando tanto meu corpo que resolvi me apresentar a um *casting* e tudo. O fato de eu nunca ter agradecido a todos vocês não significa que não seja consciente disso...
– Agora falta só o Alberto!

- É mesmo, o Alberto...
- Que estranho, ele é tão pontual!
- Ele comentou se tinha algum problema?
- Confirmou seu convite?
- Será que você não se esqueceu de chamá-lo?
- Está ouvindo, Maremagnum?
- Maremagnum!
- Claro que sim! Mas não queria falar mais que o devido... Sei que vocês achavam que eu falava demais no grupo natural e, na verdade, não estavam errados... No entanto, sou uma pessoa extrovertida e com extrema facilidade para fazer novos amigos, por isso considero que minha capacidade de comunicação não é de forma alguma a incontinência verbal da qual me acusavam e acusam ainda hoje.
- Está certo, não enrole, você não tem jeito mesmo! Será que o Alberto vem?
- Espero que sim, acho que ele não me deixaria sozinho com todas as garotas...
- As garotas... é até engraçado!
- Vocês se lembram de quando criamos o grupo natural? Nos primeiros dias de aula... Nós quatro nos juntamos, mas, como só havia meninas no grupo, o Oriol, que depois foi nosso tutor, sugeriu que convidássemos um rapaz para fazer parte do grupo...
- Sim, chamavam a isso de "equilíbrio de gêneros"!
- E então vimos aqueles dois rapazes um pouco perdidos...
- Não, eu não estava perdido! Estão enganadas. Só estava tentando encontrar um grupo natural para o Alberto, que era um pouco tímido...
- Havia muitos rapazes disponíveis. Acho que foi a Glória quem decidiu chamar vocês...
- Espere aí, Pilar, não me delate!
- Seu feminismo exagerado fez com que visse vocês dois como mão-de-obra barata. "Aqueles dois ali parecem um pouco tolos. Acho que será bom para nós contar com uns tontos facilmente manipuláveis para parecermos mais inteligentes ainda".
- E nós quatro concordamos!
- Tolo, nada! No primeiro ano, eu fui o porta-voz do grupo natural... Por que estão rindo? Por acaso não é verdade? Não era uma grande responsabilidade ser o porta-voz?
- Claro que sim! O que acontece é que às vezes abusávamos de você, não é, Pilar?
- Por quê?
- Quando nos reuníamos no grupo natural para refletir sobre o trimestre, para você levar nossas conclusões aos encarregados da avaliação, exagerávamos um pouco...

- Que quer dizer isso exatamente? Não riam, agora vão ter de me explicar!
- Olhe, eu lembro perfeitamente quando um menino da turma, depois de fazer um trabalho de síntese, acabou numa delegacia. Estava oferecendo sacarinas em uma discoteca e a polícia pensou que eram drogas sintéticas. Pois bem, responsabilizamos uma dupla de professores por esse fato, argumentando que haviam incitado o garoto durante a exposição oral...
- Sim, lembro perfeitamente. E daí? Todo o grupo estava de acordo. Inclusive o Alberto. Por isso o defendi com tanto entusiasmo... Por que estão rindo? Não acho graça nenhuma... Estão insinuando que sugeriram que dissesse aquilo para eu fazer papel de ridículo diante dos outros porta-vozes dos grupos naturais e de todos os professores?
- E naquele dia havia dois professores presentes, mas mesmo assim você teve a coragem de dizer aquilo!
- Mas que cara-de-pau! Vocês pediram que o diretor permitisse a presença dos dois professores...
- É, temos de reconhecer que o garoto aqui era valente...
- Claro que eu tive coragem de dizer aquilo! Eu era um bom porta-voz. Comunicava fielmente tudo o que havia sido decidido no grupo natural: se trabalhávamos pouco fora da sala de aula, se tínhamos colaborado entre nós... como havia sido a avaliação externa, tanto nas diversas matérias como na própria escola...
- A bem da verdade, Maremagnum, você era um excelente porta-voz, sem dúvida... Desculpe os nossos risos...
- Sim, um grande porta-voz!
- Claro que sim! E quando, no ano seguinte, vocês escolheram a Júlia como porta-voz do grupo natural, eu passei a ser delegado do serviço de recepção. E era um sacrifício ficar trabalhando uma hora por semana como recepcionista!
- Imagino que sim!
- Não riam, mas uma vez ligou um funcionário de uma editora e me perguntou que matéria eu lecionava. Ficou impressionado com a minha maneira de falar...
- No princípio, não entendi essa questão de prestar serviços na escola; parecia que o diretor estava querendo economizar, cortando o pessoal administrativo.
- É verdade! Também pensei isso. Mas depois, quando escolhi os audiovisuais e organizei os *slides,* os vídeos, os aparelhos de som... tive a sensação de estar fazendo um trabalho útil para a instituição.
- Sim, a gente se sentia importante, no centro de tudo e de todos.
- E aprendíamos a ser mais responsáveis. A respeitar e amar as instalações...
- Oriol disse que assim adquiríamos sentido de comunidade...

– Lembro-me dos serviços que todos os membros do grupo natural realizavam: Maremagnum, recepção; Maitê, audiovisuais; Júlia, editora; Pilar, manutenção e eu, bar.
– E o Alberto trabalhava na biblioteca!
– E o Alberto, que estranho, não dá sinal de vida!
– Bem, além de estimular a ética do serviço comunitário, também adquiríamos conhecimentos técnicos que poderiam ser úteis. Eu, que estava no serviço editorial, tirando fotocópias, elaborando dossiês e materiais didáticos, aprendi coisas que foram muito úteis para mim no trabalho que faço agora.
– O que você faz, é professora?
– Sim ou não?
– Júlia, a professora!
– Será que você está dando aula de Língua Espanhola?
– Sim, justamente! Não acham engraçado?
– A monitora de Língua Espanhola do nosso grupo natural virou professora de Língua Espanhola! Incrível! Se não soubesse que isso é verdade, diria que somos personagens de um romance sem imaginação!
– E você, Maremagnum? Você era nosso monitor de Inglês. Em que está trabalhando? *Are you an English Teacher*?
– Não, não... Eu me formei em Telecomunicações e trabalho eventualmente com aplicações avançadas de telefonia móvel. As múltiplas aplicações das novas tecnologias. Tenho um grande futuro pela frente, claro...
– Sempre gostei de ser monitora de uma matéria. Era a monitora de Ciências Sociais, lembram?
– Quem pode se esquecer da Pilar comunicando-nos o plano de trabalho da unidade... "Vamos procurar os motivos que tornam interessante o estudo deste assunto", era o que você dizia para nos motivar.
– E você explicava muito bem as pautas e os recursos que tínhamos para realizar as atividades...
– Eu gostaria de acrescentar algo: éramos bons em Ciências Sociais graças a você, e não estou falando ironicamente.
– E, além disso, tudo o que sugeríamos no grupo natural, como trabalhos de ampliação ou mesmo atividades de avaliação, era assumido pelo professor!
– É verdade. Porém, o que eu mais gostava eram as reuniões do Conselho das Disciplinas. Uma vez por semana, quando todos os monitores de Ciências Sociais se reuniam com o Oriol, discutíamos tudo. Ele nos adiantava o que ia acontecer e como deveríamos proceder... Sempre sabíamos mais que os outros do grupo natural. E eu não era nenhuma especialista em Ciências Sociais, só que tinha essa vantagem sobre o resto do grupo.

- Sim, Pilar, isso também era o que cada um de nós fazia em suas respectivas matérias, mas não obtínhamos tão bons resultados. Talvez isso acontecesse com você porque Oriol realmente era muito receptivo às contribuições dos monitores.
- Acho que você tem razão, Júlia. Nós, monitores, comentávamos com ele as dificuldades dos colegas dos nossos respectivos grupos naturais e fazíamos sugestões, como mudar alguns aspectos, ajustar os objetivos, dar mais tempo, propor atividades de ampliação para melhorar a nota e muitas outras coisas.
- Todos os monitores intervinham para melhorar a estratégia docente...
- Além disso, Oriol sempre nos pedia conselhos sobre a forma de adaptar o currículo para os colegas que tinham mais dificuldades...
- Os alunos com necessidades educativas especiais.
- Maria, Ernesto...
- Ele nos perguntava: "O que podemos fazer para que o Fulano participe desta atividade?". Às vezes, a ajuda de alguém do mesmo grupo natural era suficiente. Outras vezes, todos tinham de trabalhar de forma autônoma para que Oriol pudesse se dedicar um pouco mais a ajudar Maria ou Ernesto...
- E, outras vezes, um grupo natural ou aluno se comprometia a realizar alguma atividade ou a trazer material para a classe a fim de ajudar os colegas que tinham mais dificuldades para aprender...
- Outras vezes, o professor nos felicitava por propor uma atividade alternativa na qual ele não havia pensado...
- De certo modo, sempre encontrávamos uma solução para que todos os alunos, sem exceção, participassem das atividades de aprendizagem.
- E isso nem sempre era fácil, era preciso ter muita imaginação.
- O fato de ser monitores nos permitia refletir sobre a matéria: objetivos, conteúdos, atividades de aprendizagem e avaliação... Em suma, percebíamos que a nossa aprendizagem e a dos colegas dependiam de toda a turma.
- Eu avançaria um pouco mais. Percebíamos que a aprendizagem dos alunos com necessidades educativas especiais não era algo exclusivo dos professores, mas uma responsabilidade do grupo natural e de avaliação...
- Alunos com necessidades educativas especiais... Acho que todos nós podemos ter, a qualquer momento, necessidades especiais... Não vão me dizer que, quando eu era anoréxica, não dei trabalho a vocês!
- Meninas, agora não fui eu quem tocou no assunto, que isso fique bem claro!
- Você tem razão, Maitê, todo mundo pode passar por dificuldades em algum momento. Talvez seja por isso que, hoje em dia, nós, professores, falemos das necessidades de ajuda com relação ao currículo. Nem sempre Ernesto ou Maria eram os que precisavam de mais ajuda...

– Eles iam muito bem na matéria em que eu era monitora...
– Os alunos manifestam dificuldades em função do currículo, das atividades...
– E funcionava muito bem o ajuste das atividades nas diversas matérias, não é, Júlia?
– Escute Júlia, e aquela história de reservar os primeiros e os últimos cinco minutos da aula para verificar se todos os membros do grupo natural haviam compreendido a lição era muito útil, não? Para mim, era ótimo que todos destacassem as idéias principais e esclarecessem minhas dúvidas.
– E quando você nos ajudava também aprendia, porque organizava melhor os seus conhecimentos. "Ensinar é aprender duas vezes", Nuria sempre repetia na tutoria entre iguais.
– Isso só acontecia na matéria em que eu era a monitora...
– O grupo natural foi criado para todos se ajudarem mutuamente.
– Para cooperarmos uns com os outros.
– Então, Júlia, agora que você é professora, acha que recebemos uma boa educação?
– Sim, dê sua opinião...
– Agora ela não abre a boca!
– Não, está pensando...
– Na atual sociedade da informação, a função mais importante da escola não é ensinar conteúdos, como era feito tradicionalmente. Hoje em dia, os conteúdos estão em toda parte, multiplicam-se e têm de ser constantemente atualizados. Se nas aulas nos tivessem transmitido apenas informações e dados, estaríamos em maus lençóis...
– Você está dizendo que a maior parte daquilo que aprendemos já foi superado?
– É verdade! Teríamos apenas instrumentos obsoletos...
– Sim, mas se as escolas e os colégios só servissem para ensinar coisas, seria melhor fecharem, certo?
– Não, não me deixem sem trabalho! É claro que é preciso ensinar coisas! Só que coisas mais importantes do que aquilo que antes era entendido como conteúdos...
– O quê, por exemplo?
– Os alunos devem adquirir hábitos mentais e competências sociais de interação com os outros para que possam continuar aprendendo durante toda a vida.
– Muito bem, Júlia! Depois você diz que sou eu quem enrolo, falo demais... A pergunta concreta era a seguinte: nós recebemos uma boa educação?
– Pois a resposta, Maremagnum, deve ser buscada dentro de cada um de nós e, em grande parte, depende de como aproveitamos as oportuni-

dades que tivemos. De qualquer maneira, para que você não diga que estou enrolando, posso ajudar a formular essas perguntas.

- Então, comece.
- Podemos nos perguntar se a escola em que estudávamos potencializava a aprendizagem ativa dos alunos. Ou seja, se estimulava nossa participação em todos os aspectos do processo de aprendizagem e nos capacitava para determinar o que e como devíamos aprender.
- Quando eu era monitora, como já disse, refleti muito sobre essas questões. Senti que dirigia meu próprio processo de aprendizagem. Eu responderia essa pergunta afirmativamente.
- Eu também...
- E eu também.
- Que mais?
- Também devemos determinar se a escola potencializou acima de tudo o fato de aprender a aprender, em vez de apenas armazenar informação.
- Você quer dizer, então, que podemos continuar aprendendo sozinhos a vida inteira...
- Suponho que você esteja se referindo ao fato de não precisarmos de um professor do nosso lado em um mundo que muda constantemente, em que é preciso se virar: encontrar informação, suportes...
- Bem, todos estamos de acordo com isso, certo? Qual seria a pergunta seguinte?
- Por fim, temos de avaliar se a escola nos ofereceu a possibilidade de ajudar outros estudantes e de ampliar nossas preocupações para além de nós mesmos como indivíduos, adquirindo uma ética de serviço à comunidade.
- É verdade! A tutoria entre iguais permitiu que ajudássemos nossos colegas...
- E o fato de trabalhar em algum serviço da própria escola é outro exemplo da mesma questão. Graças a essa experiência, tivemos a impressão de estar servindo à comunidade.
- E ao próprio grupo natural! O trabalho de cooperação que realizamos entre nós fez com que, tantos anos depois, todos estejamos reunidos aqui!
- Bem, todos não...
- Vocês acham que o Alberto se esqueceu da reunião?
- Pelo menos espero que não tenha acontecido nada com ele.
- Sabemos que ele é um pouco reservado. Certa vez, quando fui jantar na casa dele, ele não abriu a boca a noite inteira, e...
- Olhem só: uma mensagem. Deve ser dele!
- "Olá para todos! Se receberem este e-mail é porque eu (infelizmente) não pude me reunir com vocês. Sinto muito não comparecer ao encon-

tro virtual, depois de insistir tanto com o Maremagnum para organizá-lo. O que acontece é que estou em Jacarta, em uma reunião de trabalho, e tenho pouco tempo disponível. Peço mil desculpas a todos. No entanto, tenho certeza de que nos encontraremos no próximo dia 24. Para compensar minha ausência, anexo algumas fotos. Um abraço, Alberto."

– Não estou entendendo nada!
– Bem, ele já havia me avisado que estaria fora do país e, por isso, programou o computador para enviar automaticamente esta mensagem na hora combinada...
– Claro, Maremagnum, até aí entendi, mas não sabia que ele havia insistido tanto... Você não disse que esta videoconferência era uma iniciativa sua?
– Bem, na verdade, mais de uma vez, o Alberto demonstrou um certo interesse em...
– E essa reunião no dia 24, o que significa?
– Sim, o que quer dizer isso?
– O que significa esse mistério?
– Meninas, esta é a surpresa!
– Pois então fale logo!
– Sim, explique, estamos morrendo de curiosidade!
– Há duas semanas, Alberto recebeu uma ligação de Geraldo. Vocês se lembram do Geraldo? Bem, ele avisou que no próximo dia 24 seu primo vai chegar.
– Seu primo?
– Aquele menino do Kosovo?
– Ibraim?
– Exatamente! Bem, agora não é mais um menino. É um importante médico...
– Mas isso sim é que é uma surpresa, Maremagnum!
– Ibraim! Adoraria vê-lo!
– Pelo visto ele também gostaria de encontrar todo mundo. Pediu ao primo que tentasse entrar em contato com todo o pessoal da escola, alunos e professores. E Geraldo ligou para os porta-vozes dos grupos naturais. Como Ibraim teve de ir embora assim, tão de repente, deve ter ficado chateado por não ter se despedido de todos.
– Sim, ele precisou voltar para o Kosovo de forma inesperada. Os professores e Geraldo explicaram que ele havia ido embora, mas não nos deram nenhuma explicação. E também disseram que ele havia sofrido muito por não ter podido se despedir de nós.
– Segundo Geraldo, Ibraim enviou-nos uma carta do aeroporto, mas ela nunca chegou ao seu destino.
– Deve ser verdade, se ele está tão interessado em se encontrar conosco...

– Eu também quero vê-lo! Lembram que eu era sua tutora de Língua Espanhola? Talvez ele tenha despertado meu interesse profissional.
– Pois então você vai ter de agradecer a ele!
– Gosto de pensar que Ibraim aprendeu algo conosco. Mas sobretudo nós aprendemos muitas coisas com ele. Aprendemos principalmente a dar valor àquilo que tínhamos: uma família, um país...
– E também a rejeitar as guerras e a apostar em um mundo em paz, em que os conflitos possam ser resolvidos por meio do diálogo, e não da força.
– E também a entender o quanto o exílio é doloroso, assim como a brutalidade daqueles que não ajudam as pessoas que são obrigadas a abandonar sua terra.
– Vou dar-lhe um beijo no dia 24.
– Claro que sim!
– Todos iremos! Ver Ibraim de novo será como festejar a solidariedade.
– Alberto me contou que procurou e encontrou umas fotos de uma excursão da escola onde está toda a turma, inclusive Ibraim... Disse que deveríamos dar essa foto de presente para ele.
– Sim! Adorei a idéia! Pode ir abrindo o arquivo!
– Eu já estou pensando em um texto!
– E eu vou procurar algo especial nos meus arquivos de música. Você já sabe quem vai fazer a locução, não é, Maitê?
– Será um grande prazer...
– Vai ser um clipe multimídia muito profissional!
– Vamos fazer novamente um trabalho cooperativo. Os computadores e as novas tecnologias também permitem que um grupo de pessoas possa cooperar. Mãos à obra!

GRUPO NATURAL

VIDEOCONFERÊNCIA NATURAL

Alguns comentários sobre a narração

- Na narração, apresenta-se um método de aprendizagem cooperativo baseado em experiências pedagógicas de instituições da Espanha. O grupo natural, com suas diversas denominações, como equipe básica ou habitual de trabalho, tem a vantagem de constituir um agrupamento estável na sala de aula. Vale a pena mencionar que, embora muitas vezes os professores reconheçam que não recorrem ao trabalho em grupo em suas aulas, devido à complexidade para distribuir os alunos, os grupos estáveis permitem automatizar esse plano inicial da prática da aprendizagem cooperativa.
- Júlia, já como professora, exprime idéias muito conhecidas (Benjamin e Wiggings, 1989) sobre as características da educação no século XXI. As mudanças de valores, assim como a multiplicação e a brevidade da informação, fazem com que, acima de tudo, na escola seja priorizado o saber, em vez dos conhecimentos factuais ou conceituais. O saber entendido como a aquisição de hábitos mentais (ter confiança, saber escutar, perguntar e criticar), a aprendizagem de estratégias para enfrentar a diversidade e continuar aprendendo durante a vida e, por último, a competência social para se comunicar e interagir com os demais.

A necessidade de responder a um mundo complexo e mutante fez com que muitos autores (Monereo, 1994) passassem a falar do conhecimento condicional, que a escola deve promover no/a aluno/a para que este/a possa tomar, de forma cada vez mais autônoma, decisões estratégicas (conscientes e intencionais, em função das condições e do objetivo proposto).

- Na narração, os jovens refletem sobre os alunos com necessidades educativas especiais e comentam como a aprendizagem cooperativa (mais concretamente, o *grupo natural*) representa um excelente instrumento para levar em conta a diversidade. Para além da importância indicada (que a turma assuma a responsabilidade pela aprendizagem dos colegas com mais necessidades e, portanto, colabore com os professores e com esses colegas), a aprendizagem cooperativa é um recurso básico e uma estratégia de ensino fundamental na escola inclusiva ou para todos. Ela se baseia no reconhecimento da heterogeneidade e no fato de extrair proveito pedagógico da diferença. No entanto, para facilitar a participação dos alunos com mais necessi-

GRUPO NATURAL

dade de ajuda, os professores podem preparar antecipadamente com eles determinadas habilidades de colaboração ou capacidades relacionadas à tarefa a ser realizada; também podem atribuir-lhes um papel concreto dentro da equipe para ampliar sua participação e diminuir a ansiedade, ou ajustar os objetivos e o nível de exigência, avaliando o progresso pessoal por meio de critérios individualizados de sucesso.

- No final da narração, os membros do grupo natural dispõem-se a realizar um trabalho cooperativo (um produto multimídia para presentear Ibraim), recorrendo à videoconferência. As características críticas para que um trabalho de grupo possa ser considerado cooperativo (Johnson e Johnson, 1983) são as seguintes: interdependência positiva, responsabilidade individual, competências cooperativas, reflexão sobre os objetivos do grupo e interação face a face. Esta última é tão importante que, na verdade, transforma-se na condição necessária para todas as outras: os membros do grupo devem discutir idéias, tomar decisões, negociar, etc. Contudo, o requisito de interação face a face não exclui a cooperação à distância que as novas tecnologias possibilitam (Putnam, 1997). Os sistemas informáticos de mão dupla, que combinam informação auditiva e visual e que permitem o uso compartilhado de recursos como as videoconferências, criam as condições para uma interação fluida e de qualidade, capaz de gerar cooperação, apesar da distância entre os interlocutores.

Grande parte das pesquisas mais recentes sobre a aprendizagem cooperativa estuda essa relação com as novas tecnologias. Parece especialmente reveladora a proposta de Koschmann (1996) relativa ao *Computer-Supported Collaborative Learning* (CSCL) como novo paradigma emergente.

GRUPO NATURAL

Nome

Grupo natural.

Métodos afins

Grupo Natural (Súnion), grupo natural (IES Can Puig), equipe educativa (Vermont) e grupo de ajuda (IES Celrà).

Composição da equipe

A equipe é constituída por livre escolha. Parte-se do pressuposto de que o adolescente precisa compartilhar experiências e forjar uma identidade com seus iguais. Portanto, existe um claro componente de voluntarismo. Nesse sentido, em algumas instituições, os grupos naturais são constituídos nos primeiros dias de aula, durante as jornadas de acolhida, enquanto em outras escolas os grupos de ajuda são formados com o auxílio de um estudo sobre seu perfil social. De qualquer modo, após a constituição da equipe, os professores devem respeitá-la, intervindo apenas em casos extremos.

Descrição

O grupo natural é uma equipe de alunos formada no início do período letivo por livre escolha ou por afinidade, no qual seus membros assumem diferentes papéis ou funções. É uma peça de organização básica para a instituição (a partir dela são formados os grupos-classe) e tem estabilidade no tempo, apesar de serem permitidas mudanças.

Fases de aplicação

1. *Criação da equipe:* os grupos naturais são formados no início do período letivo. Se os alunos não se conhecem, a instituição escolar deve oferecer oportunidades de interação (passeios coletivos, atividades específicas nas

GRUPO NATURAL

jornadas de acolhida) ou instrumentos de reflexão, como o estudo sobre seu perfil social. De qualquer maneira, os próprios alunos criam os grupos naturais e a intervenção dos professores limita-se a impedir os casos individuais de segregação e de composição muito extremas (evitando a homogeneidade de gênero, por exemplo).

2. *Divisão de papéis ou funções:* em algumas instituições, cada membro do grupo natural é, ao mesmo tempo, monitor/a de uma determinada matéria e prestador/a de algum serviço na escola. Como monitor/a de matéria, reúne-se periodicamente com monitores dos demais grupos naturais e com o/a professor/a daquela disciplina para obter maior conhecimento desta e para poder organizar, controlar ausências, dirigir atividades, sugerir provas e co-avaliar os colegas do grupo natural. Como prestador/a de serviço (manutenção, biblioteca, cantina, recepção, etc.), cada membro do grupo faz parte de uma comissão, dirigida por um adulto – professor ou não –, o que permite a aprendizagem técnica e a obtenção de senso de responsabilidade.

   Em algumas escolas, o porta-voz do grupo natural também apresenta as reflexões de seus colegas a uma ampla junta de avaliação. Em outras, os alunos sugerem adaptações curriculares para os colegas com necessidades educativas especiais ou responsabilizam os alunos tutores pelo acompanhamento acadêmico (agenda, ordem, trabalho, compreensão) de seus colegas tutorados.

3. *Acompanhamento ou coordenação:* os diferentes papéis assumidos pelos membros do grupo natural são coordenados ou supervisionados periodicamente. Em algumas instituições, todos os monitores de uma determinada disciplina reúnem-se regularmente com o/a professor/a, tal como os prestadores de serviço fazem com seu respectivo responsável. Em outras instituições, os porta-vozes dos grupos naturais reúnem-se trimestralmente com os/as professores/as da série para auto-avaliar sua atuação e avaliar as diversas disciplinas e o funcionamento geral da escola. Em algumas escolas, os tutores do grupo de ajuda recebem orientações do/a professor/a tutor/a e do/a psicopedagogo/a.

4. *Duração da equipe:* os grupos naturais precisam de tempo para otimizar seu funcionamento. Em algumas instituições, eles são revistos trimestralmente, mas na maioria das experiências com esse método os grupos costumam durar um período letivo ou mais. Em geral, quando se constrói uma relação de colaboração e compromisso, os grupos naturais funcionam fora do âmbito escolar e podem perdurar no tempo.

GRUPO NATURAL

Indicações

O grupo natural é compatível com outros grupos maiores, como o grupo-classe. Na verdade, em algumas experiências, ele se transforma na peça fundamental a partir da qual são organizados os agrupamentos dos alunos. Promove a autonomia e a tomada de responsabilidades. Pode ser um bom instrumento de participação efetiva dos alunos (caso sejam responsáveis por tarefas de auto-avaliação do próprio grupo e da instituição escolar) e de integração (caso sejam incorporados às redes sociais de cooperação). Facilita a ética de serviço à comunidade.

Orientações

Na hora de apresentar a idéia aos alunos, deve-se esclarecer a diferença entre colega de estudo (ou de trabalho) e amigo/a. Apesar da dificuldade, deve-se insistir nessa diferença, favorecendo a criação de equipes nas quais o trabalho possa ser potencializado. Na composição do grupo natural, devem ser levados em conta os critérios de heterogeneidade (por exemplo, nem todos os membros devem pertencer ao mesmo gênero) e ser incorporados alunos com dificuldades de integração.

REFERÊNCIAS BIBLIOGRÁFICAS

CARMONA, J. (1997): «Nuevas estrategias didácticas», *Cuadernos de Pedagogia,* nº 260 (julio-agosto), p. 100- 105.

COSTA-PAU, J. (1988): *Súnion. Una nova pedagogia per a adolescents.* Vic: Eumo Editorial.

GAVILÁN, R (1997): «El trabajo cooperativo: una alternativa eficaz para atender a la diversidad», *Aula de Innovación Educativa,* nº 85 (julio-agosto), p. 68-71.

KOSCHMANN, T. (ed.) (1996) *CSCL: Theory and practice of an emerging paradigm.* New Jersey: Lawrence Erlbaum Associates.

MIQUEL, E. (1992): «El trabajo en grupo en la secundaria», *Aula de Innovación Educativa,* nº 9 (diciembre), p. 29-40.

PUTNAM, J. (1997): *Cooperative learning in Diverse Classrooms.* New York: Prentice-Hall, Inc. VILLA, R., y THOUSAND, J. (1999): «La colaboración del alumno», en S. STAINBACK: *Aulas inclusivas.* Madrid: Narcea.

GRUPO NATURAL

Algumas reflexões

- Às vezes, nós, professores, não propomos mais trabalhos em grupo ou em equipes devido à dificuldade de organizá-los de forma ágil. Você considera que os grupos naturais podem facilitar esse processo? Poderiam ser grupos estáveis?
- Imagine que você quer organizar os alunos em grupos naturais e que os professores de sua instituição escolar mencionem algumas dificuldades relativas a esse sistema. Como evitar a criação de grupos de "bagunceiros" ou grupos formados apenas por meninos ou meninas? Como impedir que algum aluno fique sozinho? Reflita sobre outros possíveis problemas e proponha uma solução para eles.

Sugestões de trabalho com os alunos

- Na narração, os jovens explicam que, em sua instituição, cada aluno/a era responsável por uma determinada disciplina. Você acredita que os alunos podem dar orientações aos professores para melhorar as aulas?
- Cada aluno/a também prestava um determinado serviço (recepção, audiovisuais, cantina, manutenção) e, com isso, aprenderam a ser mais responsáveis, a respeitar e apreciar mais as instalações. Isso é possível em sua instituição? Além de prestar um serviço à comunidade, essas atividades são de aprendizagem?
- Júlia, que é professora, propõe a Maremagnum as três perguntas que devem ser formuladas para avaliar a qualidade do ensino recebido. Quais são elas? Você é capaz de respondê-las?

Resenhas Bibliográficas

Para complementar as referências bibliográficas relativas a cada método comentado, complementaremos o livro com breves resenhas de uma seleção de livros, revistas e páginas da internet que consideramos apropriadas para aprofundar aspectos tratados ao longo da obra.

BAUDRIT, ALAIN (2000): *El tutor: Proceso de tutela entre alumnos*. Barcelona: Paidós.

Dedicado exclusivamente à tutoria entre iguais, este livro apresenta variadas aplicações e usos desse método. Também alerta sobre os possíveis inconvenientes (problema de distância entre tutor/a e tutorado/a, incapacidades e/ou excessiva proteção dos tutores) a fim de evitar conseqüências negativas na tutoria e também aproveitar as vantagens de um método que completa a atuação docente, individualizando e personalizando a ajuda.

BONALS, J. (2000): *El trabajo en pequeños grupos en el aula*. Barcelona: Graó.

A partir da concepção de grupo operacional (conjunto de pessoas que tenta alcançar um objetivo comum trabalhando em equipe), o autor revê os aspectos básicos do trabalho em grupo: sua organização, a dinâmica de trabalho, as tarefas de cada membro, a avaliação e o papel do/a orientador/a psicopedagógico/a.

DD.AA. (1992): El trabajo en grupo. *Aula de innovación educativa*, nº 9, p . 5-42.

Maria Lluïsa Fabra apresenta o trabalho em grupo, os fundamentos psicológicos e a variedade de técnicas da aprendizagem cooperativa. Por sua vez, Eduard Martí revê alguns mecanismos psicológicos que potencializam a efetividade do trabalho em grupo. Diversos autores refletem sobre o trabalho em grupo em diversas áreas: aulas de idiomas, acampamentos escolares e educação infantil.

DD.AA. (1997): Colaborar para aprender. *Cuadernos de Pedagogía*, nº 255, p. 49-79.

Isabel Solé relaciona o trabalho cooperativo ao contexto da reforma educacional. Eduard Martí oferece uma síntese de estudos psicológicos e, juntamente com Solé, sugere diversas considerações práticas para que o trabalho em grupo seja eficaz (tarefa, formação de grupos, número de alunos, papel do/a professor/a e avaliação). Javier Onrubia apresenta os requisitos e fatores fundamentais para se conseguir cenários cooperativos e oferece alguns exemplos. Finalmente, descreve-se uma experiência prática na Escola Baloo.

DD.AA. (1998): El valor de la cooperación. *Cuadernos de Pedagogía*, nº 263, p. 43-72.

Clara Mir explica como a heterogeneidade própria de todo grupo pode oferecer oportunidades de progresso por meio do trabalho cooperativo: trata-se de "confiar nas capacidades e possibilidades de todas as crianças para que, enquanto elas colaboram na consecução de objetivos compartilhados, possam ultrapassar suas possibilidades atuais". Margarita Redó fala sobre o papel do/a orientador/a psicopedagógico/a na linha de trabalho colaborativo. São também incluídas três experiências de trabalho cooperativo em diferentes níveis educacionais.

DILLENBOURG, P. (ed.) (1999): *Collaborative learning. Cognitive and Computational Approaches*. Oxford (UK): Elsevier Science Ltd.

O livro oferece diversos trabalhos de uma série de autores europeus sobre o *computer-supported collaborative learning* a partir de uma perspectiva que combina a esfera cognitiva – especialmente a psicológica – e a colaboração – social – dos processos intimamente relacionados. Após a definição desse contexto, comenta-se o uso da informática e, sobretudo, dos instrumentos informáticos na construção colaborativa do conhecimento.

FABRA, M.L. (1992): *Técnicas de grupo para la cooperación*. Barcelona: CEAC.

Parte-se da análise da turma como um grupo e da necessidade de trabalhar cooperativamente, tanto na sala de aula como entre os membros do corpo docente. De uma maneira prática, descreve-se como criar grupos na sala de aula e comentam-se as principais técnicas de trabalho em grupo (painel, simpósio, jogo de papéis, etc.), assim como suas aplicações no âmbito educacional. Também são apresentados técnicas e jogos em grupo para serem utilizados durante as aulas, organizando-os por conteúdos e desenvolvimento pessoal. Embora a aprendizagem cooperativa seja tratada nesse livro como mais uma técnica de desenvolvimento de habilidades intelectuais, muitas das técnicas cooperativas também são apresentadas.

FERNÁNDEZ, P. e MELERO, M.A. (comp.) (1995): *La interacción social en contextos educativos*. Madrid: Siglo XXI.

Na primeira parte do livro, comentam-se as teorias psicológicas que explicam a aprendizagem entre iguais (perspectivas piagetiana e vygotskiana) e revisam-se os estudos sobre aprendizagem cooperativa e tutoria entre iguais nos Estados Unidos. Na segunda parte, apresenta-se uma pesquisa sobre tutoria e reflete-se sobre as vantagens da aprendizagem cooperativa. A terceira e última parte propõe duas formas de microanálise da interação, uma no contexto escolar e outra na interação criança-adulto.

GOVERNO DE NAVARRA (1999): *Aprendizaje cooperativo*. Pamplona: Departamento de Educación y Cultura del Gobierno de Navarra.

O livro, destinado aos professores do ensino fundamental, está estruturado em três partes. A primeira divulga os aspectos teóricos da aprendizagem cooperativa: sua pertinência no contexto da reforma educacional, os fundamentos psicopedagógicos, a organização e a avaliação de experiências de aprendizagem cooperativa. Nas duas partes seguintes, são apresentados trabalhos de aula e experiências didáticas em grupo e aprendizagem cooperativa, como o método do quebra-cabeça.

HERTZ-LAZAROWITZ, R. e MILLER, N. (1992): *Interaction in cooperative groups*. Cambridge: University Press.

A fim de elaborar uma "anatomia" da cooperação, os autores apresentam diversos trabalhos sobre os processos cognitivos e afetivos subjacentes às interações cooperativas, distribuídos em quatro seções: (1) construção social do conhecimento (distinção entre tutoria, cooperação e colaboração, resolução de problemas e relações de ajuda); (2) habilidades sociais e fatores relacionados à sala de aula que influenciam as interações (modelo multidimensional de análise da sala de aula e interações entre alunos); (3) efeitos da estrutura de tarefa e de reforço no êxito acadêmico (interdependência positiva); (4) fatores de relação positiva dentro do grupo (identidade, relações interpessoais e diversidade na sala de aula).

JOHNSON, D.W. e JOHNSON, R.T. (1991): *Learning together and alone. Cooperative, competitive and individualistic learning*. Needham Heights: Allyn and Bacon.

Estes autores, irmãos e co-diretores do Cooperative Learning Center de Minnesota, comentam a metodologia baseada na individualização, na competição e na cooperação. Analisam os objetivos, os processos de aprendizagem e as conquistas dos três métodos. Apresentam ainda as vantagens da cooperação, destacando a importância da interdependência positiva e a aquisição de habilidades cooperativas. São apresentadas técnicas de aprendizagem cooperativa e analisa-se o papel dos professores na gestão da sala de aula.

JOHNSON, D.W., JOHNSON, R.T. e HOLUBEC, E. (1999): *El aprendizaje cooperativo en el aula*. Barcelona: Paidós.

Este livro, publicado em inglês em 1994, expõe de forma clara e sintética o conceito de *aprendizagem cooperativa* e sua aplicação nas salas de aula. Destinado expressamente aos professores, apresenta as suas diversas atuações: decisões prévias (objetivos, criação de equipes, disposição da sala de aula e atribuição de papéis), classe cooperativa (explicação, interdependência positiva e supervisão de alunos) e atividades posteriores (avaliação e reflexão da equipe).

KAGAN, S. (1985): *Cooperative Learning*. California: Resources for Teachers, Inc.

O livro pretende oferecer recursos práticos para a aplicação da aprendizagem cooperativa na sala de aula. Distingue entre estruturas (sistemas de instrução livres de conteúdo, como a leitura silenciosa) e projetos de lições (seqüências de subobjetivos, entre os quais se encontram as atividades que combinam estruturas e conteúdos). Com essa diferenciação, o autor ordena o conteúdo da obra por meio de tabelas que permitem que o leitor se movimente segundo estruturas, projetos de lição, ferramentas para os professores e exercícios para os alunos.

LOBATO, C. (1988): *El trabajo en grupo. Aprendizaje cooperativo en Secundaria*. Bilbao: Euskal Herriko Unibertsitatea.

O trabalho em grupo é, para o autor, um dos componentes básicos da reforma educacional e a cooperação, um meio para reconhecer, aceitar e trabalhar as diferenças individuais no âmbito escolar, bem como um instrumento para construir uma sociedade democrática pluralista. A fim de introduzir a temática entre os professores das séries finais do ensino fundamental, o livro apresenta sinteticamente os conceitos de trabalho em grupo e aprendizagem cooperativa, comentando seu uso na sala de aula (preparação, técnicas de grupo e avaliação).

MIR, C. (coord.) (1998): *Cooperar en la escuela. La responsabilidad de educar para la democracia*. Barcelona: Graó.

A partir de uma ampla concepção de cooperação, o livro considera aspectos relevantes para melhorar e democratizar a escola. Parece-nos especialmente interessante a conceituação de aprendizagem cooperativa e as dificuldades para introduzi-la no sistema educacional, bem como a análise dos processos de cooperação na sala de aula. Além disso, o livro também comenta as possibilidades de colaboração entre os professores, as famílias e a comunidade.

O'DONNEL, A. e KING, A. (eds.) (1999): *Cognitive perspectives on peer learning*. Mahwah (New Jersey): Lawrence Erlbaum Associates, Inc.

A obra está estruturada em três partes bem definidas. Na primeira, apresenta-se a influência da teoria genética (Piaget) e da teoria sociocultural (Vygotsky) sobre a aprendizagem entre iguais. Na segunda, mostram-se diferentes modelos que, inspirados nessas teorias, promovem a aprendizagem colaborativa a partir do cognitivismo e, tal como se reconhece nas conclusões, guardam uma relação confusa entre si (construção do conhecimento complexo, resolução de problemas, tutoria entre iguais, ensino recíproco, etc.). Na terceira e última parte, aprofunda-se o estudo das implicações da aprendizagem entre iguais no papel dos professores e na necessária formação inicial e permanente que lhes é exigida. Também apresenta um modelo de aprendizagem entre professores.

OVEJERO, A. (1991): *El aprendizaje cooperativo. Un análisis eficaz a la enseñanza tradicional*. Barcelona: PPU.

Ao comentar a etiologia psicossocial do fracasso escolar, o autor apresenta a aprendizagem cooperativa como um instrumento altamente eficaz para o desenvolvimento cognitivo e social dos alunos. Revê os antecedentes e fundamentos teóricos da aprendizagem cooperativa, seu uso como instrumento escolar, os principais métodos para aplicá-la, seus efeitos na escola (incluindo a integração escolar) e os fatores que explicam sua eficácia.

PUTNAM, J. (1997): *Cooperative learning in Diverse Classrooms*. New York: Prentice-Hall, Inc.

A obra está dividida em três seções. Na primeira, definem-se a aprendizagem cooperativa, seus fundamentos teóricos e de pesquisa e reflete-se sobre o interesse em seu uso. Na segunda, explica-se, por meio de exemplos, a programação de atuações cooperativas na sala de aula e sua gestão, enfatizando a prevenção de conflitos, o desenvolvimento de habilidades para resolvê-los e o trabalho com alunos que apresentam problemas de conduta. Na terceira, destacam-se diversos métodos de aprendizagem cooperativa e algumas modificações sobre a diversidade dos alunos. Finalmente, comenta-se a avaliação e a resolução dos problemas mais comuns.

RUÉ, J. (1991): *El treball cooperatiu. L' organització social de l'ensenyament i aprenentatge*. Barcelona: Barcanova.

Na primeira parte deste livro, comentam-se os paradigmas da pesquisa educacional e o contexto teórico do trabalho cooperativo (definição, métodos, resultados, teorias psicopedagógicas, condições e pautas de aplicação). Na segunda, descreve-se uma pesquisa na qual são comparadas situações de trabalho em grupo e trabalho cooperativo em equipe e analisa-se detalhadamente como o trabalho cooperativo afeta os componentes da atividade de sala de aula em seu conjunto.

SERRANO, J.M. e GONZÁLEZ-HERRERO, M.E. (1996): *Cooperar para aprender. ¿Cómo implementar el aprendizaje cooperativo en el aula?* Murcia: DM.

Os autores desta obra a dividem em três partes. Na primeira, apresentam as bases teóricas da aprendizagem cooperativa, destacando as bases psicológicas que a sustentam, bem como sua dimensão social. Na segunda, são definidos os métodos cooperativos e seus pontos comuns e, a partir de um enfoque ecológico, consideram-se as diversas dimensões presentes na sala de aula (a organização, os papéis do/a professor/a e do aluno/a, a estrutura de tarefa, a recompensa e a atividade de aprendizagem). Na última parte, interessante apesar de breve, fala-se de aspectos metodológicos para a observação da aula cooperativa.

SHARAN, S. (1994): *Handbook of Cooperative Learning Methods*. London: Praeger.

O autor do método de pesquisa de grupo coordena esta obra dividida em três partes. Na primeira, que destaca as mudanças de condições, do papel dos professores e de materiais com relação à aula tradicional, comentam-se os principais métodos de aprendizagem cooperativa (*Students Teams Achievement Divisions* ou STAD, quebra-cabeça, etc.). A principal atração é que os métodos são apresentados por seus autores (Slavin, irmãos Johnson, Kagan, entre outros). Na segunda parte, apresentam-se aplicações de aprendizagem cooperativa em diferentes áreas do currículo (ciências, línguas, matemática, informática), com mais reflexões que exemplos concretos. Na terceira e última parte, são indicadas as mudanças necessárias nas escolas para aplicar de maneira sistemática a aprendizagem cooperativa.

SLAVIN, R.E. (1995): *Cooperative Learning*. Massachusetts: Allyn & Bacon.

O livro está dividido em duas partes. Na primeira, comenta-se a teoria da aprendizagem cooperativa e os resultados obtidos por pesquisas, tanto no tocante aos seus aspectos positivos quanto às relações entre os grupos (aceitação de alunos com *handicap*, auto-estima, *locus* de controle, tempo de trabalho, atitudes). A segunda parte é um guia prático de métodos de aprendizagem cooperativa (são mencionados, entre outros, o *Student Teams-Achievement Divisions* ou STAD, o grupo de pesquisa e o quebra-cabeça).

TOPPING, K. e EHLY, S. (1998): *Peer-Assisted Learning*. Mahwah (New Jersey): Lawrence Erlbaum Associates, Inc.

Deixando de lado conceitos confusamente utilizados (como cooperação ou colaboração), a obra trata da aprendizagem assistida por iguais ou *Peer-Assisted Learning* (PAL): aquisição de conhecimentos e capacidades por meio da ajuda e do apoio ativo entre iguais. Após situar as bases psicopedagógicas e as vantagens e desvantagens do PAL, os autores comentam suas diferentes formas: modelagem, assessoria, monitoração, programas educativos e avaliação entre iguais. Abordam detalhadamente aspectos como a tutoria entre iguais e refletem sobre sua aplicação como metodologia básica na sala de aula, a reciprocidade dos papéis, como os alunos agitados podem desempenhar o papel de tutores e os alunos com necessidades especiais como tutorados.

Aprendizagem cooperativa

(http://www.lanzadera.com/cooperativo/)

Página em espanhol que apresenta as diferenças entre trabalho em grupo e aprendizagem cooperativa, com o objetivo de compilar e ordenar informações sobre esta última.

Center for Paired Learning

(http://www.dundee.ac.uk/psychology/c_p_learn.htm)

Esta instituição, que estuda a aprendizagem em duplas, é dirigida por Keith Topping, da Universidade Escocesa de Dundee, e oferece informação, materiais e suporte sobre a tutoria entre iguais.

Collaborative Learning

(http://www.wcer.wisc.edu/nise/CLI/CL/)

Página sobre a aprendizagem colaborativa que pertence ao NISE (National Institute for Science Education) da Universidade de Wisconsin. Apresenta exemplos das diversas técnicas de aprendizagem colaborativa e oferece recursos bibliográficos.

Computer Supported Cooperative Learning (CSCL)

(http://www.csc.vill.edu/~beck/csc8570/cscl/)

Nestas páginas da Universidade de Villanova (Pensilvânia, Estados Unidos), são apresentadas as vantagens e os inconvenientes da aprendizagem cooperativa assistida por computador e são oferecidos diversos recursos e resultados de várias pesquisas sobre a matéria.

Cooperative Learning Center

(http://www.cooplearn.org/)

O Centro de Aprendizagem Cooperativa pertence à Universidade de Minnesota e oferece recursos de pesquisa e formação. É dirigido pelos renomados Roger e David Johnson.

Cross-Age Learning International Network (CALIN)

(http://www.crossagelearning.net/)

O CALIN, que pertence a uma organização sem fins lucrativos, oferece variada informação para difundir as experiências de aprendizagem entre alunos de diferentes idades, enfocando a tutoria.

Kagan Cooperative Learning

(http://www.kagancooplearn.com/)

Páginas mantidas por Spencer Kagan e seus colaboradores, as quais oferecem um amplo leque de recursos, que vai da formação e discussão à venda dos próprios produtos.

Peer Research Laboratory

(http://www.selfhelpweb.org/peer.html)

Este laboratório da Universidade de Nova York, dirigido por Riessman e Gartner, está associado a uma entidade sem fins lucrativos que promove a ajuda mútua e oferece recursos para a aprendizagem entre iguais.

Peer Tutoring: A Multimedia Manual

(http://www.scsd.k12.ny.us/SBUT/dirhtml/pageslib/libpt.htm)

Aldrich e Wright, professores da Universidade de Siracusa (Nova York), oferecem um manual com informação e recursos práticos para iniciar a aplicação de experiências de tutoria entre iguais.

edelbra
Impressão e acabamento:
E-mail: edelbra@edelbra.com.br
Fone/Fax: (54) 520-5000

Filmes fornecidos pelo Editor.